全球能源互联网研究系列报告

北美洲能源互联网研究与展望

全球能源互联网发展合作组织

中国电力出版社
CHINA ELECTRIC POWER PRESS

前言

能源事关人类可持续发展全局。当前世界面临资源紧缺、气候变化、环境污染、能源贫困等一系列重大挑战，根源是人类对化石能源的大量消耗和严重依赖。应对这些挑战，是实现人类可持续发展重大而紧迫的任务。从本质上看，可持续发展的核心是清洁发展，关键是推进能源生产侧实施清洁替代，以太阳能、风能、水能等清洁能源替代化石能源；能源消费侧实施电能替代，以电代煤、以电代油、以电代气、以电代柴，用的是清洁电力。全球能源互联网是清洁主导、电为中心、互联互通、共建共享的现代能源体系，为清洁能源在全球范围内大规模开发、输送、使用搭建平台，推动以清洁化、低碳化、电气化、网络化为特征的全球能源转型。构建全球能源互联网能够全面落实联合国"2030议程"和应对气候变化《巴黎协定》，保障人人享有清洁、可靠、可负担的现代能源，实现经济社会和生态环境的全面协调发展。

为加快推动全球能源互联网发展，自2016年以来，全球能源互联网发展合作组织对全球、各大洲、重点区域和国家能源互联网开展了系统深入研究。通过广泛调研、全面梳理分析全球经济社会、能源电力和气候环境等方面的数据信息，充分研究各国政府部门相关发展战略规划和政策，广泛吸纳有关国际组织、权威机构和企业的研究成果，应用先进的研究方法、模型和工具，对全球能源互联网发展愿景、路径和有关重大问题进行了研究和展望。目前已形成关于全球能源互联网及各大洲能源互联网的系列研究成果。系列研究成果首次针对全球范围的能源电力发展提出了系统性、全局性、创新性解决方案，对全球能源电力转型和清洁低碳发展进行顶层设计，填补了全球能源电力领域研究的空白，将为全球能源互联网和各大洲、重点区域和国家能源互联网发展提供决策参考，对于加快能源绿色转型、应对气候变化、实现人类可持续发展具有重要意义。

本报告为系列成果之一，是基于北美洲可持续发展需要，对北美洲能源互联网发展的系统谋划。内容共分7章：第1章介绍北美洲经济社会、资源环境和能源电力发展现状；第2章分析北美洲可持续发展和能源转型面临的挑战，提出北美洲能源互联网发展思路；第3章在实现

全球 2 摄氏度温控目标的指引下，展望北美洲能源电力转型发展趋势，提出情景预测；第 4 章研究清洁能源资源分布和大型发电基地布局；第 5 章基于电力平衡分析，研究提出北美洲电网互联总体格局和互联方案；第 6 章评估构建北美洲能源互联网所能带来的综合效益；第 7 章展望实现全球 1.5 摄氏度温控目标的北美洲能源电力清洁发展路径与情景方案。

希望本报告能为政府部门、国际组织、能源企业、金融机构、研究机构、高等院校和相关人员开展政策制定、战略研究、技术创新、项目开发、国际合作等提供参考。受数据资料和研究编写时间所限，内容难免存在不足，欢迎读者批评指正。

研究范围

本报告研究范围包括北美洲加拿大、美国、墨西哥 3 个国家[1]。

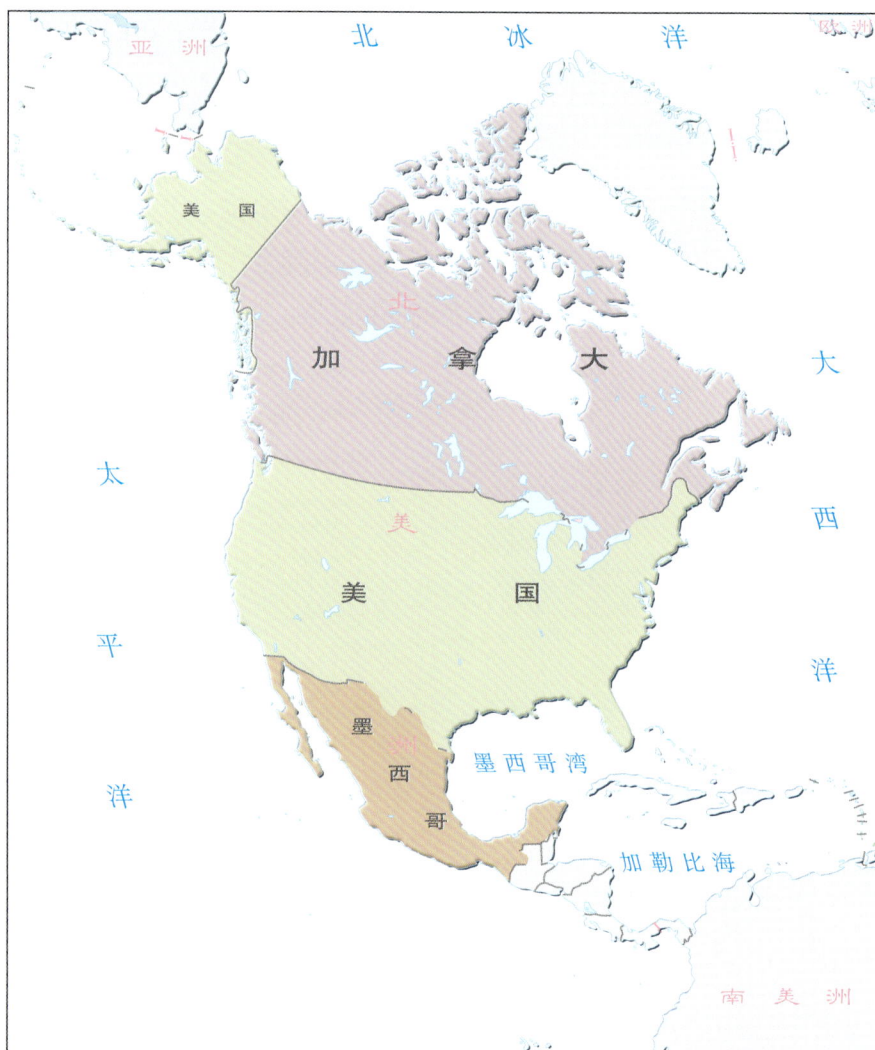

北美洲研究范围示意图

摘要

北美洲经济社会发达，区域合作紧密，自由贸易及经济一体化发展水平高，具有科教水平领先、营商环境好、能源资源储量大等突出优势，也面临经济增长放缓、基础设施建设滞后及大量化石能源消费导致碳排放量大等发展挑战。近年来，北美洲各国积极探索变革与创新，制定国家发展计划，推动产业转型升级和基础设施建设，提出应对气候变化减排目标，积极推动能源系统清洁化发展，为保障北美洲能源安全、清洁和高效供应，实现北美洲可持续发展奠定了重要基础。实现北美洲可持续发展，需要充分发挥风能、太阳能、水能资源优势，为经济社会发展提供绿色新动能，不断深化区域一体化，推动各国各地区平衡发展，实现经济增长、社会进步和生态保护的全面协调可持续发展。

实现北美洲可持续发展，关键是大力推动能源转型发展，加快清洁能源资源开发利用，加强基础设施建设和互联互通，构建北美洲能源互联网。 北美洲可持续发展需秉持绿色低碳发展理念，统筹北美洲各国经济、社会、环境发展目标和诉求，以丰富的清洁能源资源为基础，着力打造绿色经济发展新动力，促进社会融合发展；加快清洁能源基地开发，实现能源清洁化、多元化发展；加快推动电能替代，提升能源利用效率；加强跨国跨洲电网互联互通，为清洁能源大范围优化配置构筑高效平台。通过建设清洁低碳、电为中心、高度互联的北美洲能源互联网，破解化石能源依赖难题，保障能源供给安全，打造经济稳定发展、社会公平和谐、环境清洁美丽的北美可持续发展新时代。

北美洲一次能源需求先增后降，能源结构向清洁化、低碳化转型，电能逐步成为终端主导能源，电力需求平稳增长。 北美洲一次能源需求在 2025 年达到峰值 40.6 亿吨标准煤，随后

受能源需求增长放缓和能效提升影响快速下降，2050年降至34.3亿吨标准煤。终端能源需求2025年达到峰值27.4亿吨标准煤，随后下降至2050年的20.8亿吨标准煤。2035年前电能将超过石油成为占比最高的终端能源品种，2050年发电能源占一次能源比重提高到68%，电能占终端能源比重提高到59%。2035、2050年北美洲用电总量分别达到7.2万亿千瓦时和8.9万亿千瓦时，2017—2035年和2036—2050年的年均增速分别为2.4%和1.5%。其中美国用电总量仍占据主导地位，2035、2050年占全洲比重分别为82%和81%；墨西哥用电总量逐年增加，2035年占全洲比重为7.7%，2050年增长至9.6%。北美洲年人均用电量也同步上升，2035年为12812千瓦时，2050年增至14869千瓦时。

北美洲电力供应充分发挥清洁能源发电的成本和规模优势，呈现集中式和分布式并举、各类清洁能源协同的发展趋势。随着清洁能源发电成本的持续降低，清洁能源开发的经济、规模优势将越发凸显。预计2050年，北美洲陆上风电和集中式光伏发电度电成本均低于3美分/千瓦时。采取集中式、分布式并举的清洁能源开发方式，在资源优质、开发条件较好地区集约化开发清洁能源基地。未来在加拿大建设3个水电基地，在美国中部、加拿大魁北克省和北美东西海岸建设16个风电基地，在美国中南部、美国西南部和墨西哥建设12个太阳能基地。2035、2050年，北美洲电源装机总容量将分别达到24.8亿千瓦和36.3亿千瓦，清洁能源装机占比分别达到70%和81%。

北美洲电力流总体呈现"洲内北电南送、中部送电东西、跨洲与中南美洲互济"格局。未来北美洲主要负荷中心依然集中于美国东西海岸、五大湖、东南部、得克萨斯州等地区和墨西

哥首都附近。加拿大、美国中部发挥水电、风电资源优势，墨西哥发挥太阳能资源优势，成为北美洲主要清洁能源外送基地。墨西哥同时发挥区位优势，形成北美洲连接中南美洲的重要电力枢纽。**2035 年**，北美洲跨国跨区电力流规模约 1 亿千瓦，其中跨国电力流规模 2900 万千瓦。**2050 年**，北美洲跨洲跨国跨区电力流达到 2 亿千瓦，实现北美东西部电网互供互援、北美洲与中南美洲丰枯互济。跨国电力流规模达到 6600 万千瓦，跨洲电力流规模 1000 万千瓦。

随着电网升级和互联规模不断扩大，未来北美洲总体形成北美东部电网、北美西部电网和魁北克电网 3 个同步电网。北美东部电网加强五大湖 765 千伏主网架，建设覆盖东海岸和东南部负荷中心的 1000 千伏骨干电网，并通过 500 千伏交流与得州电网同步互联。**北美西部电网**建设美国西部、墨西哥 1000 千伏骨干电网并同步互联，沿西海岸形成覆盖加拿大西部、美国西部及墨西哥的清洁能源优化配置平台。**魁北克电网**维持与北美东部电网异步互联，建设魁北克水电、风电特高压外送通道，大幅提升向北美东部电网送电能力。

北美洲建设坚强区域能源互联网，形成广泛互联、经济高效的清洁能源优化配置平台。
交流主网架：东部电网加强五大湖 765 千伏主网架，向北延伸形成环网，东北部及东南部建设 1000 千伏电网，得州建设 500 千伏交流电网，全面同步互联运行；西部电网沿西海岸建设 1000 千伏交流输电通道，汇集北部风电、水电向南部负荷中心输送，并进一步与墨西哥 1000 千伏交流电网互联。**清洁能源基地外送通道：**美国国内建设 13 回 ±800 千伏直流输电通道，将中部清洁能源基地电力分别向东送至东北部、东南部和得州负荷中心，向西送至加州负荷中心，实现东西部电网异步互联。**跨国跨洲电网互联：**建设 6 回加拿大—美国 ±800 千伏直流输电通道，

满足加拿大清洁能源基地大规模外送需求。跨洲建设墨西哥—秘鲁 ±800 千伏直流通道，实现南北美洲水电太阳能互补互济。

2050 年前，北美洲共建设 1 项跨洲、7 项跨国和 18 项区域内重点互联互通工程，支撑清洁能源基地电力送出、互补互济和汇集消纳。跨洲建成墨西哥墨西哥城—秘鲁特鲁希略 ±800 千伏直流工程，输送容量 800 万千瓦。跨国在加拿大与美国间建成 6 个 ±800 千伏直流工程，总输送容量 4800 万千瓦；在美国与墨西哥间建设 1 个 1000 千伏交流联网工程，同步互联美国西部和墨西哥 1000 千伏主网架。美国国内建设 3 个 ±800 千伏直流工程，总输送容量 2400 万千瓦，实现东、西部电网间的异步互联；建设 10 个 ±800 千伏直流清洁能源基地外送工程，总输电规模 8000 万千瓦；在五大湖、东海岸、东南部、西海岸分别建设 1 个 765 千伏交流环网、3 个 1000 千伏交流输电走廊工程，路径全长分别达到 1780、1165、1160、2344 千米。在墨西哥建设 1000 千伏交流输电走廊工程，路径全长 2129 千米。

构建北美洲能源互联网综合效益显著。经济效益方面，到 2050 年建设北美洲能源互联网可带来约 4.3 万亿美元投资需求，对北美地区经济增长的贡献率约为 1.2%，将推动北美产业升级，实现能源转型。**社会效益方面，**建设北美洲能源互联网将累计创造就业岗位约 1000 万个；提高电气化水平，2050 年电能占终端能源比重达到 59%；并降低能源供应成本，缩小贫富差距。**环境效益方面，**建设北美洲能源互联网可有效减少温室气体排放，到 2050 年，能源系统二氧化碳排放降至 11 亿吨／年；有效减少气候相关灾害，减少大气污染物排放，到 2050 年可减少排放二氧化硫 700 万吨／年、氮氧化物 1900 万吨／年、细颗粒物 170 万吨／年，提高土地资源

价值 300 亿美元 / 年。**政治效益方面，**建设北美洲能源互联网可增强北美国家政治互信，促进区域协同发展。

着眼于助力实现全球 1.5 摄氏度温控目标，北美洲需要积极应对碳排放水平较高的巨大挑战，应加快清洁替代，加大电能替代力度和深度，合理应用碳捕集与封存及负排放技术，进一步加快能源转型，推进高比例清洁能源系统建设。与助力实现全球 2 摄氏度温控目标相比，北美洲 2050 年化石能源需求减少 51%，清洁能源电源装机容量增加 32%；加强电网互联互通，提升资源配置能力，跨洲跨区电力流增加约 5000 万千瓦；加大投资力度，到 2050 年清洁能源开发和电网建设投资累计增加 30%。

目录

目录

7　实现 1.5 摄氏度温控目标发展展望 / 089

图表目录

■ 图目录

■ 表目录

北美洲发展基本情况

北美洲位于西半球北部，总面积 2133 万平方千米，东临大西洋，西临太平洋，北临北冰洋，是世界经济一体化水平和人类发展指数❶双高的地区。北美洲具有经济发达、科教水平领先、区域合作紧密、营商环境良好等优势，其中美国经济总量居世界首位，在全球政治和经济上有重要影响力。

1.1 经济社会

1.1.1 宏观经济

北美洲地区经济发展水平高，国内生产总值（GDP）总量、人均 GDP 均居世界第一。 2017 年北美洲各国 GDP 总和为 22.3 万亿美元，约占全球的 1/3，人均 GDP 为 4.5 万美元，世界排名第一。其中，美国作为世界第一经济大国，综合实力长期稳居全球第一。2017 年 GDP 为 19.5 万亿美元，年增长率达到 2.3%，世界排名第一，全世界占比高达 24%。2017 年人均 GDP 达到 6 万美元，世界排名第六。加拿大作为西方七大工业国之一，经济基础扎实。2017 年 GDP 总量为 1.6 万亿美元。墨西哥作为北美自由贸易区成员，是世界最开放经济体之一，经济稳健。2017 年墨西哥 GDP 总量为 1.2 万亿美元。2017 年墨西哥全球竞争力指数为 4.44，在全球 137 个经济体中排名第 51 位❷。经济合作与发展组织（OECD）预计 2020 年墨西哥 GDP 增长可达到 2.8%。北美洲 2010—2017 年 GDP 总量如图 1-1 所示。

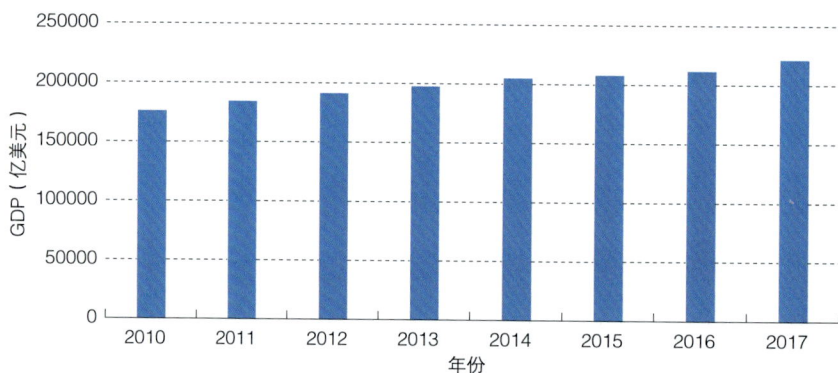

图 1-1　2010—2017 年北美洲 GDP 总量 ❸

1.1.2 人文社会

2017 年北美洲人口为 4.9 亿，占世界人口比例 6.5%。根据联合国预测，未来北美洲人口增长较为缓慢，预计 2050 年，北美人口约为 6 亿。其中，美国作为北美洲人口最多的国家，预计

---

❶　人类发展指数（HDI），由联合国开发计划署编制，用以取代单一的人均 GDP 衡量体系。"人类发展指数"包括"健康长寿""教育获得"和"生活水平"三方面，通过公式将这三方面的指标组合起来，计算出各国的"人类发展指数"，并以此界定一个国家是否属于发达国家。
❷　资料来源：世界经济论坛，2017 年全球竞争力报告，2017。
❸　资料来源：世界银行，世界发展指标，2019。

2050 年人口数量将达到 3.9 亿。北美洲 2017—2050 年人口变化预测情况如图 1-2 所示。北美洲各国经济社会概况见附表 2-1。

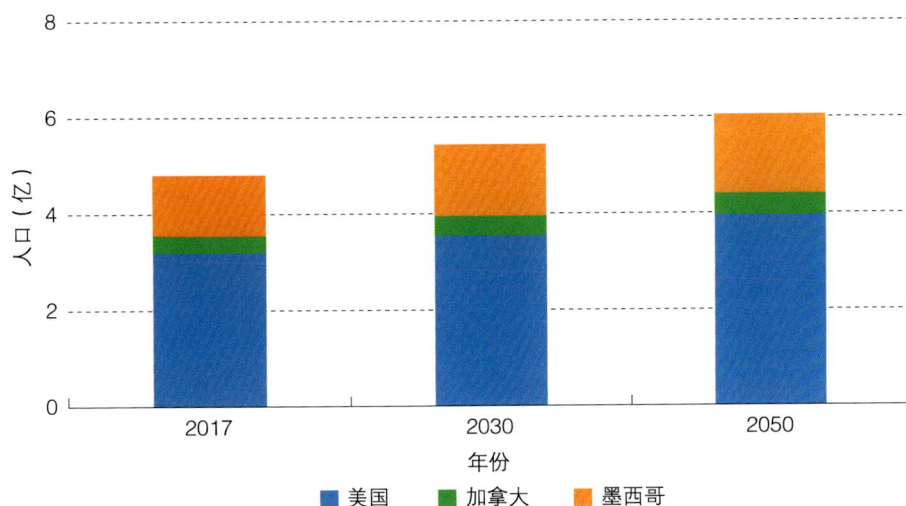

图 1-2　2017—2050 年北美洲人口总量预测 ❶

北美洲科技创新能力领先，教育水平高。北美洲是全球创新中心，2018 年全球创新指数（GII）❷报告对世界各地近 130 个经济体的创新表现排名，北美分数为 56，全球领先。美国作为全球创新中心，总排名第六，在关键创新投入和产出方面贡献最大，研发支出和专利申请量也最多。加拿大总体排名第 18 位，在创业和风险投资交易方面具有优势。墨西哥较之美国和加拿大创新排名较低，但在拉美加地区的创新总体能力位列第三，仅次于智利和哥斯达黎加。北美也是世界上教育最发达地区，美国拥有世界上最好 10 所大学中的 7 所，吸引了全球高端人才的聚集；加拿大是世界上公众教育支出占 GDP 比例最高的 4 个国家之一，在很多领域拥有世界领先的科技成果，国际科技合作活跃；墨西哥科研体系完整，政府重视科技创新，以创新型经济驱动国家发展。

表 1-1　北美三国 2018 年全球创新指数排名

国家	创新指数综合得分（0～100）	排名	创新投入指数得分（0～100）	排名	创新产出指数得分（0～100）	排名	所属地区
美国	59.81	6	67.81	6	51.81	7	北美
加拿大	52.98	18	65.67	10	40.28	26	北美
墨西哥	35.34	56	44.32	54	26.35	61	拉美加

　　注　GII 指数划分的地区是依据联合国分类，墨西哥被归入拉美加区域。北美 = 北美洲；拉美加 = 拉丁美洲及加勒比。

---

❶　资料来源：联合国经社部，2019。
❷　2018 年全球创新指数由康奈尔大学、欧洲工商管理学院和联合国专门机构世界知识产权组织共同发布，是第 11 版。该指数自 2007 年起每年发布，现已成为首要的基准工具，为全球范围内的企业高管、政策制定者以及其他在创新方面寻求创见的人员所使用。

1.1.3 区域合作

北美洲区域合作紧密，自由贸易发展水平高。 北美三国地理位置相连，政治和经济联系均较为紧密。1992 年 12 月，北美自由贸易协定（NAFTA）达成，推动三国经贸往来，北美经济一体化得到快速发展。2018 年 9 月，美国、加拿大、墨西哥自贸协定（USMCA）签订，全面修订和升级北美自由贸易协定，区域合作更为紧密，继续推动和保障北美区域经济一体化的发展。

表 1-2 北美自由贸易区取得的成果

促进了地区贸易增长	NAFTA 成员国间的货物贸易额翻了两倍，从 1993 年的 3060 亿美元增长到 2017 年的 11814 亿美元❶
增加直接投资	（1）北美地区占全球内向 FDI 的 21% 和全球外向 FDI 的 28%❷。 （2）2017 年，NAFTA 三国之间的 FDI 存量达到了 9891 亿美元❸，是 1993 年 1369 亿美元的 7 倍多
美国、加拿大继续保持经济优势地位	（1）加快 NAFTA 成员国间的贸易交往和产业合作。美国向墨西哥出口增加了约 6 倍多，从 416 亿美元增至 2430 亿美元❹。 （2）资源配置更加合理，经济互补性提高了各国产业竞争力。墨西哥、加拿大能源生产能力提升
墨西哥受益明显	（1）贸易增长迅速，墨西哥与伙伴国的贸易占其总 GDP 的比重从 1993 年的 25% 上升到 2017 年的 52%❺。 （2）进口关税大幅下降，对外金融全面开放。2017 年内向 FDI 存量为 4891 亿美元，是 2000 年的 4 倍
合作范围不断扩大	NAFTA 是美国实现区域贸易合作的样板

1.1.4 发展战略

北美洲各国制定国家发展计划，推动经济增长。 近年来，北美洲经济增长相对乏力，各国相继推出发展计划重振经济，并以创新发展战略，应对产业转型升级和抢占国际竞争制高点。美国总统特朗普致力于"使美国重新伟大"，将重振美国经济列为主要施政目标，通过推动税务改革、精简法规、重谈贸易协定和重建美国基础设施四大经济政策和"美国优先能源计划"，力图实现 10 年创造 2500 万个就业岗位、经济年均增长 4% 的目标。2018 年，美国政府发布《美国先进制造业领导战略》，旨在引领全球先进制造业，推动制造业回归，实现可持续发展等。加拿大政府 2017 年 3 月提出"创新与技能计划"，意图推动加拿大成为世界领先的创新中心，帮助创造更好的高薪就业岗位，并加强和发展中产阶级。墨西哥政府 2016 年颁布了《联邦经济特区法》在南部欠发达地区设立经济特区，并先后批准建设 5 个经济特区，吸引投资 62 亿美元，

---

❶ 数据来源：联合国商品贸易统计数据库，2019。
❷ 数据来源：联合国商品贸易统计数据库，2018 年全球投资报告，2018。
❸ 数据来源：美国和加拿大国家统计局数据，2019。
❹ 数据来源：联合国商品贸易统计数据库，2019。
❺ 数据来源：联合国商品贸易统计数据库，2019。

预计未来 10 ～ 15 年投资总额有望突破 360 亿美元，创造就业岗位逾 5 万个。2018 年 12 月，墨西哥新任总统洛佩斯·奥夫拉多尔提出 6 年执政目标：不增加居民税收，自 2019 年 1 月 1 日起美墨边境自贸区企业所得税和增值税分别由之前的 30% 和 16% 降至 20% 和 8% 等 ❶。

北美洲共同签订贸易协定，推进统一市场形成。 自 1992 年北美自由贸易协定签订后，取消贸易壁垒和开放市场，实现了经济增长和生产力提高，推动了三国的经贸往来，北美市场一体化得到快速发展。尤其是墨西哥的加入，更使得北美自由贸易协定成为十年来南北区域经济合作的成功范例，消除了国际间对于发达国家和发展中国家能否通过自由贸易实现经济的共同增长、迈向经济一体化的疑问。2018 年美墨加自贸协定（USMCA）签订，该协议目的是确保北美三国经济的稳定，提升了投资者对北美市场的信心，并促进北美地区的市场自由、贸易公平、经济增长，加快北美经济一体化发展。

北美洲加快基础设施建设，助力经济发展。 基础设施老化已影响北美地区经济发展，升级和改造基础设施已被北美各国列入了基础设施规划中。美国 2017 年 6 月公布万亿基建计划，2018 年 2 月发布《重建美国基础设施立法大纲》，将基础设施投资资金增加到 1.5 万亿美元，用于铁路和公交系统、能源基础设施建设等。加拿大 2016 年通过"投资加拿大"计划，计划在 12 年内在公共交通、绿色基础设施、社会基础设施、贸易和运输基础设施及农村和北部社区基础设施等方面提供约 1350 亿美元投资 ❷。墨西哥总统奥夫拉多尔力推"玛雅铁路"及"两洋公路"等项目建设。

1.2 资源环境

1.2.1 自然资源

北美矿产资源储量巨大。 北美矿产资源具有埋藏浅、分布集中、开采条件较好的特点。美国铁、铜、铅、锌、磷酸盐、钾盐等矿物储量均居世界前列，其中铜矿已探明储量 9200 万吨，居世界第二位；铅矿已探明储量 5352 万吨，居世界首位；其他矿产钼、钒、钨、金、银、铀、硼等在世界储量中占较大比重。加拿大钾储量 42 亿吨，居世界第一位，占世界储量的 23.3%；钨储量 29 万吨，居世界第二位；铀储量世界第三，铂、金铁矿石、锌、镍等储量也位居世界前列。墨西哥是世界上第一大产银国和主要铅生产国之一，2017 年铅产量 16.6 万吨，增长 4.4%，出口额 12.7 亿美元，其他矿产诸如金、镉、钼、锌和铜产量均居世界前列。

化石能源资源储量大，主要分布在美国。 北美洲煤炭资源丰富，已探明储量约 2580 亿吨，占全球 24.4%，储采比约 342 ❸，95% 以上集中在美国。石油资源较丰富，已探明储量约 355 亿吨，仅次于中东地区和中南美洲，占全球 14.1%，76% 以上集中在加拿大。常规天然气资源较少，已探明储量约 14 万亿立方米，仅占全球 7%，85% 集中在美国。北美洲探明常规化石能源资源

❶ 资料来源：美国、加拿大和墨西哥对外投资合作指南，2018；特朗普、洛佩斯总统的就职演讲。
❷ 资料来源：美国、加拿大对外投资合作指南，2018。
❸ 资料来源：英国石油公司，世界能源统计年鉴，2019。

情况见表 1-3。北美洲页岩油、页岩气等非常规油气资源非常丰富，主要分布在美国。

表 1-3   2018 年北美洲探明常规化石能源资源

国家	煤炭		石油		天然气	
	总量 （亿吨）	占全球比重 （％）	总量 （亿吨）	占全球比重 （％）	总量 （万亿立方米）	占全球比重 （％）
美国	2502	23.7	73	2.7	11.9	6.0
加拿大	66	0.6	271	10.0	1.9	1.0
墨西哥	12	0.1	11	0.4	0.2	0.1
北美洲	2580	24.4	355	14.1	14	7.1

清洁能源资源蕴藏十分丰富。 北美洲水能资源理论蕴藏量约 5.5 万亿千瓦时 / 年、占世界总量的 14%，太阳能理论蕴藏量约 15000 万亿千瓦时 / 年❶、占世界总量的 10%，风能资源理论蕴藏量约 430 万亿千瓦时 / 年（其中海上风能 50 万亿千瓦时 / 年），占世界总量的 21%。

1.2.2   生态环境

北美洲以温带大陆性气候为主，水系发达，淡水湖多。 北美洲地跨热带、温带、寒带，气候复杂多样，以温带大陆性气候为主。其中，北美洲大陆中部属温带大陆性气候，西部属高原和山地气候，墨西哥沿海和东南部平原属热带气候。北美洲沿海地区和东部大部分地区较湿润，西部地区较干旱。北美洲水系发达，主要河流有密西西比河、马更些河和育空河，淡水湖总面积居各洲之首，五大湖是世界上最大的淡水水域，对改善周边气候和环境作用重大，被称为"北美地中海"，其中苏必利尔湖为世界第一大淡水湖。北美洲的森林面积约占世界森林总面积的 17%，与 1990 年比，北美洲森林略有增加❷。但受农业扩张和城市发展影响，北美洲森林面临土地破碎化❸问题，对北美生物多样性构成威胁。

北美洲碳排放总量较大，气候灾害损失严重。 北美洲化石能源燃烧产生的二氧化碳排放于 2007 年左右达峰，2016 年二氧化碳排放量为 58 亿吨，占全世界总量的 18%，如图 1-3 所示。其中，美国化石能源燃烧产生的二氧化碳排放量为 48.3 亿吨，占北美洲总量的 83.1%，加拿大、墨西哥分别占 9.3% 和 7.6%。**北美洲化石能源燃烧产生的二氧化碳大部分来源于石油，主要排放来自发电与制热部门、交通部门。** 2016 年，煤炭、石油、天然气燃烧产生的二氧化碳排放占比分别为 26%、43% 和 31%，发电与制热部门、交通部门化石能源排放的二氧化碳约占总量的

---

❶　数据来源：刘振亚，全球能源互联网，2015。
❷　数据来源：联合国粮食及农业组织，世界森林状况，2016。
❸　土地破碎化指由于自然过程和人为干预而导致土地利用和土地覆盖的不连续模式。

72.8%。**受气候变化影响，北美洲各国经济损失严重。**2016—2018 年北美洲气候相关灾害经济损失累计约 4150 亿美元，占全球约 63%❶。其中，美国遭受的经济损失最大，1980—2017 年美国经历了 200 余次气候相关灾难，总经济损失超过 1.5 万亿美元，2017 年灾害损失达 3060 亿美元，创历史新高❷。

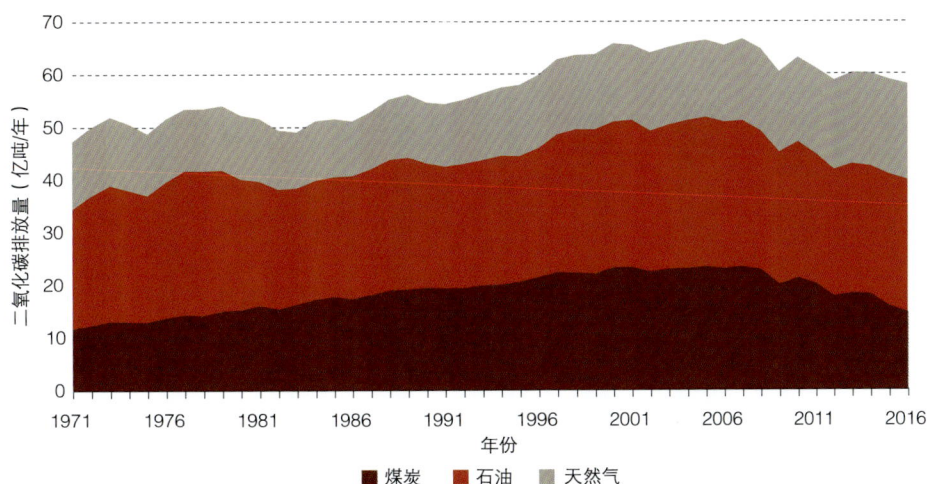

图 1-3　北美洲分品种化石能源燃烧产生的二氧化碳 ❸

北美洲各国均制定了应对气候变化减排目标。美国早前承诺 2025 年温室气体排放相较 2005 年减少 26% ~ 28%❹，2050 年温室气体排放相较 2005 年减少 68% ~ 76%❺。加拿大承诺 2030 年和 2050 年温室气体排放相较 2005 年分别减少 30%❻和 80%❼。墨西哥承诺 2026 年实现温室气体排放达峰，2030 年水平相较基准情景减少 22%❽，2050 年温室气体排放相较 2000 年减少 50%❾。总体上，北美洲各国提出的国家自主贡献目标还不足以满足《巴黎协定》温控目标要求。

1.3　能源电力

1.3.1　能源发展

　　能源生产以化石能源为主，总量增长趋缓。2000—2016 年，北美洲能源生产量从 31.3 亿吨标准煤增长到 35.4 亿吨标准煤，年均增长 0.8%❿。北美洲人均能源生产量 7.3 吨标准煤，是全球平均水平的 2.8 倍。2016 年，北美洲化石能源产量占能源生产量比重 78.3%，其中煤炭、石

---

❶ 数据来源：摩根士丹利，摩根士丹利调查报告，2019。
❷ 数据来源：美国国家海洋和大气管理局，2017 年美国天气和气候灾害：历史性的一年，2018。
❸ 数据来源：国际能源署，化石能源燃烧 CO_2 排放，2018。
❹ 数据来源：美国政府，美国国家自主贡献，2016。
❺ 数据来源：美国政府，美国 21 世纪中期深度脱碳战略，2016。
❻ 数据来源：加拿大政府，加拿大国家自主贡献，2017。
❼ 数据来源：加拿大政府，加拿大 21 世纪中期温室气体低排放发展战略，2016。
❽ 数据来源：墨西哥政府，墨西哥国家自主贡献，2016。
❾ 数据来源：墨西哥政府，墨西哥 21 世纪中期气候变化战略，2016。
❿ 数据来源：国际能源署，全球能源平衡，2017。

油、天然气比重分别为 16%、29.6%、32.7%。煤炭生产量于 2008 年达到峰值 11.4 亿吨标准煤，之后持续下降至 2016 年的 7.3 亿吨标准煤，2008—2016 年年均下降 2.1%。页岩油气开发技术取得突破，推动北美洲石油、天然气生产量迅速增长，2016 年油气产量分别达 8.8 亿吨和 9428 亿立方米，2000—2016 年年均增速分别为 2.0%、1.6%。

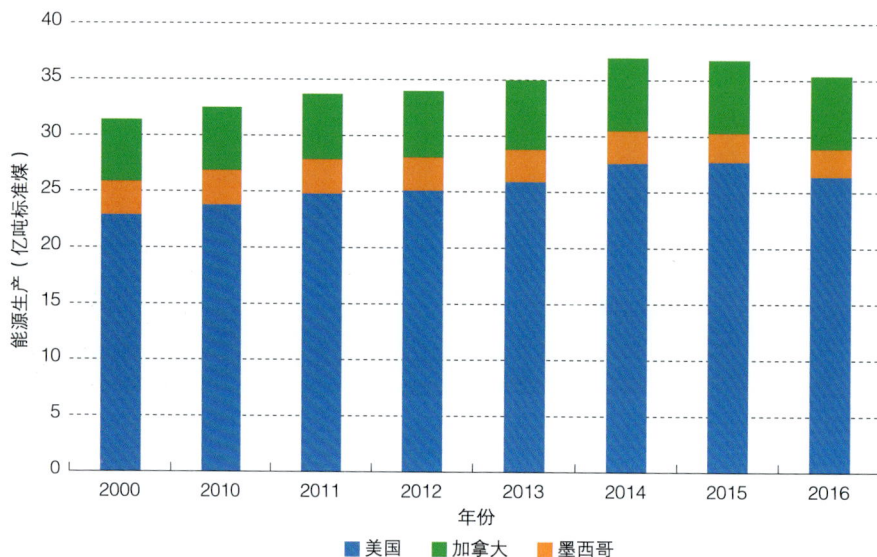

图 1-4　2000—2016 年北美洲能源生产情况

一次能源消费总量先增后降，以化石能源为主，清洁能源比重不断提升。北美洲一次能源消费总量在 2014 年前保持小幅增长，年均增长 0.1%，之后小幅下降至 2016 年的 40 亿吨标准煤 ❶，2000—2016 年基本持平。人均能源消费量 8.2 吨标准煤，是全球平均水平的 3 倍。北美洲一次能源消费情况如图 1-5 所示。2000—2016 年，北美洲化石能源占一次能源消费比重从 82% 下降至 78%，其中煤炭、石油、天然气占比分别为 13%、36%、29%。煤炭、石油消费下降，年均减少 2.6%、0.3%，天然气消费持续增长，年均增长 1.2%。清洁能源比重从 18% 持续提升至 22%，与全球平均水平相当。2016 年北美洲一次能源消费结构如图 1-6 所示。

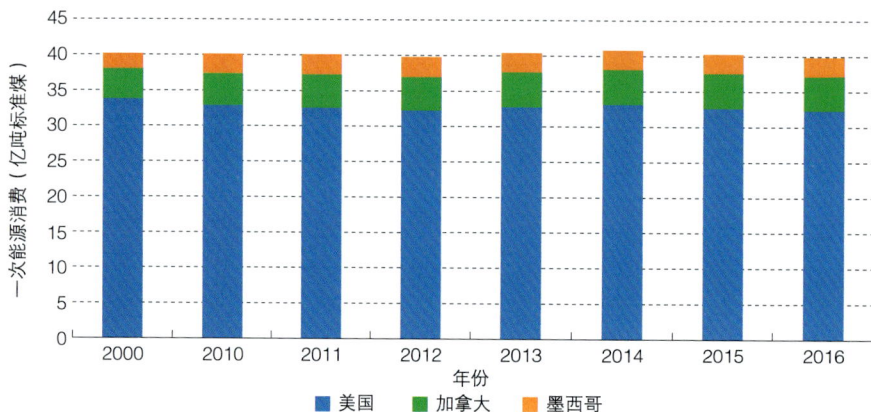

图 1-5　2000—2016 年北美洲一次能源消费

---

❶ 采用发电煤耗法，下同。

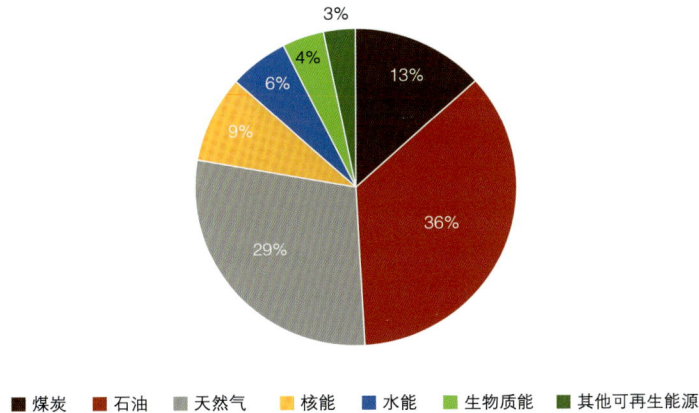

图 1-6　2016 年北美洲一次能源消费结构

终端能源消费先增后降，以油气为主，终端电能比重持续提升。2000—2014 年，北美洲终端能源消费总量从 26.2 亿吨标准煤增长至 26.4 亿吨标准煤，之后下降至 2016 年的 26.1 亿吨标准煤。2016 年，交通部门消费占比高，占终端能源消费总量比重 40%，工业、建筑部门消费占比分别为 17.8%、33.5%。北美洲终端能源消费情况如图 1-7 所示。2016 年，石油、天然气消费分别为 13 亿、5.7 亿吨标准煤，石油、天然气占终端能源消费比重分别为 50%、22%。终端电能比重从 2000 年的 19.4% 持续提升至 2016 年的 21.4%，高于全球平均水平 2 个百分点。2016 年北美洲终端能源消费结构如图 1-8 所示。

图 1-7　2000—2016 年北美洲终端能源消费

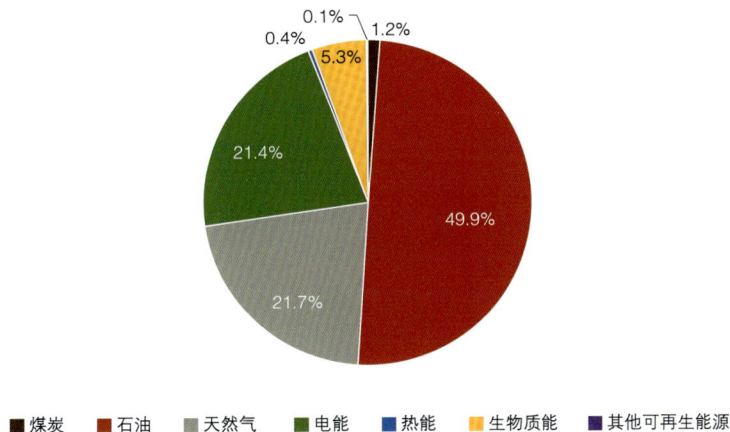

图 1-8　2016 年北美洲终端能源消费结构

1.3.2 电力发展

电力消费趋于稳定，年人均用电量是世界平均水平的 3.2 倍。2017 年，北美洲电力需求总量为 4.6 万亿千瓦时，最大负荷约 8.1 亿千瓦[❶]。从国家分布来看，目前电力发展较不均衡，墨西哥与美国、加拿大发展差距较大。美国 2017 年用电量 3.8 万亿千瓦时，占北美洲总用电量的83.6%，美国内部的西部、得州和东部三大区域中，美国东部地区用电量占比达到全美用电量的72.4%。

2017 年，北美洲年人均用电量约为 9479 千瓦时。美国和加拿大年人均用电量较高，分别达到 11847、14690 千瓦时，墨西哥人均用电为 2052 千瓦时。2017 年北美洲各国年人均用电量情况如图 1-9 所示。从行业分布来看，居民和商业用电占比较高。2017 年北美洲工业、交通、居民、商业部门用电量分别为 1.2 万亿、0.01 万亿、1.7 万亿千瓦时和 1.7 万亿千瓦时[❷]，各行业用电量如图 1-10 所示。

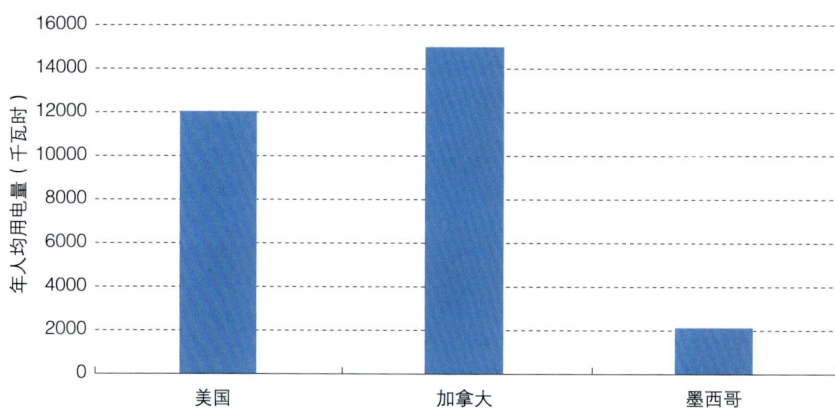

图 1-9 2017 年北美洲各国年人均用电量

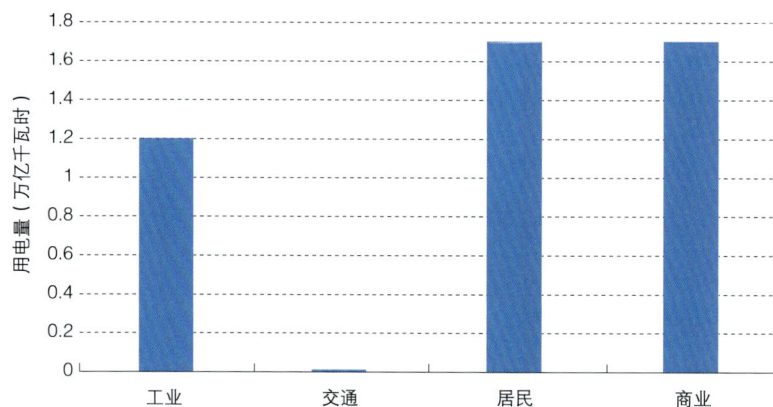

图 1-10 2017 年北美洲分行业用电需求

---

❶ 数据来源：美国能源信息署、北美电力可靠性协会。
❷ 数据来源：美国能源信息署。

电力供应主要依赖化石能源发电。2017 年，北美洲总装机容量约 13.2 亿千瓦 ❶。清洁能源装机容量约 4.5 亿千瓦，占比约 34.2%。其中，水电装机容量约 2 亿千瓦，占比 15.1%；核电装机容量 1.2 亿千瓦，占比 8.8%；太阳能发电装机容量 0.27 亿千瓦，占比 2.0%；风电装机容量 0.9 亿千瓦，占比 6.8%。2017 年北美洲电源结构如图 1-11 所示。**美国装机占比超过全北美洲 80%。**2017 年美国、加拿大和墨西哥装机占比分别为 82.8%、11.4% 和 5.8%。各国电源装机结构差异较大，美国和墨西哥以煤电和气电为主，加拿大以水电为主。2017 年北美洲各国电源装机结构如图 1-12 所示。2017 年，北美洲清洁能源发电量 2 万亿千瓦时，占总发电量的 39.7%，其中核电发电量 0.9 万亿千瓦时，占比 17.8%；水电发电量 0.7 万亿千瓦时，占比 13.6%；太阳能发电量 0.05 万亿千瓦时，占比 1%；风电发电量 0.26 万亿千瓦时，占比 5.1%。

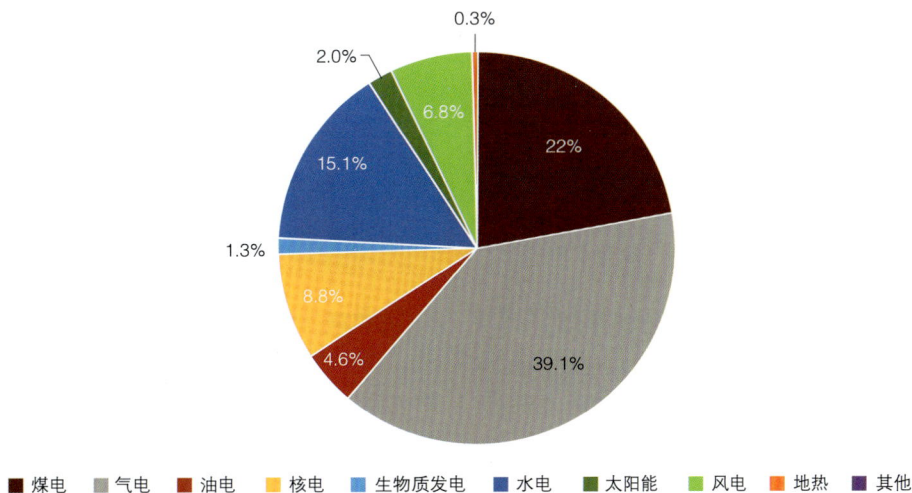

■ 煤电　■ 气电　■ 油电　■ 核电　■ 生物质发电　■ 水电　■ 太阳能　■ 风电　■ 地热　■ 其他

图 1-11　2017 年北美洲电源装机结构

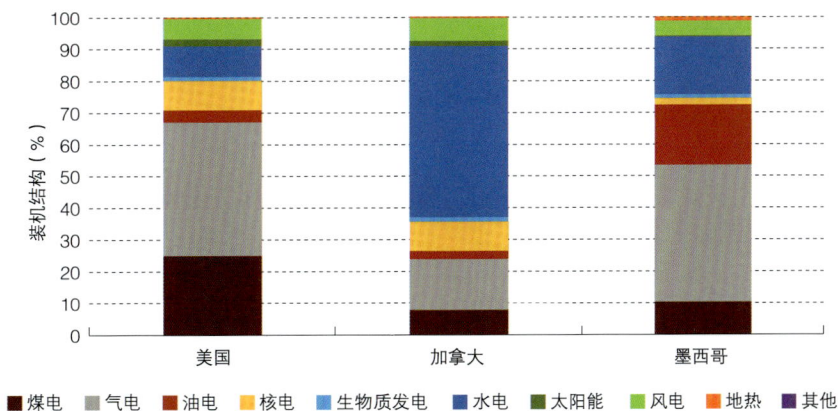

■ 煤电　■ 气电　■ 油电　■ 核电　■ 生物质发电　■ 水电　■ 太阳能　■ 风电　■ 地热　■ 其他

图 1-12　2017 年北美洲各国装机结构

---

❶ 数据来源：美国能源信息署、北美电力可靠性协会。

电网发展水平较高。 经历一百余年发展，北美洲电网电压等级不断提高、互联范围和规模不断扩大。目前，北美主要地区已形成比较坚强的 500 千伏（墨西哥为 400 千伏）交流电网主网架，以 5 个交流电网同步运行，包括北美东部电网、北美西部电网、美国得州电网、加拿大魁北克电网和墨西哥电网。其中，北美东部电网和北美西部电网均跨越美国和加拿大，分别覆盖了两国的东部（加拿大除魁北克省）和西部地区。北美西部电网最高电压等级 500 千伏，东部电网大多数区域以 500 千伏为主网架，仅美国五大湖南岸部分地区于 20 世纪 70 年代建设了 765 千伏示范工程，用于满足主要工业区的电力供应。2017 年北美东部电网装机容量超过 8 亿千瓦，是全球最大的同步电网之一。美国得州建设了独立运行的 345 千伏主网架，与东西部电网异步互联，互联规模 125 万千瓦。加拿大魁北克省以 735 千伏为主网架，用于满足北部水电南送及消纳。墨西哥电网在中南部地区围绕首都建设了 400 千伏主网架。

跨国电网互联基础较好。 北美三国间的跨国联网较为成熟，年跨国交换电量超过 600 亿千瓦时，主要集中在美国和加拿大之间。美国与加拿大间已建成 230 千伏及以上联网线路 25 回 ❶，包括了世界首条 ±450 千伏多端直流线路（加拿大魁北克省—美国马萨诸塞州），输送魁北克省北部水电至美国东北部各州消纳。美国与墨西哥北部建成 230 千伏及以上联网线路 11 回 ❷，以互为系统备用为主。北美洲电力发展基本情况见表 1-4，具体情况详见附表 2-3 和附表 2-4。

表 1-4 2017 年北美洲各同步电网发展现状

同步电网	覆盖范围	面积 （万平方千米）	装机容量 （万千瓦）	用电量 （亿千瓦时）	负荷 （万千瓦）	最高电压等级 （千伏）
北美东部电网	美国东部、加拿大中东部	837	82618	29717	52427	765
北美西部电网	美国西部、加拿大不列颠哥伦比亚省、阿尔伯塔省、墨西哥下加利福尼亚州（部分）	466	25582	8445	14673	500
得州电网	美国得克萨斯州	52	10134	3602	6204	345
魁北克电网	加拿大魁北克省	154	5667	2056	3574	735
墨西哥电网	墨西哥全国（除北部下加利福尼亚州部分地区）	197	7568	2650	4224	400
	北美洲合计	1706	131569	46470	81102	—

---

❶ 数据来源：加拿大电力协会，北美洲电网——清洁能源与环境中的电力合作，2016。
❷ 数据来源：墨西哥国家能源部。

2

可持续发展
挑战与思路

北美洲是世界上最具竞争力和创新力的经济区域，但实现可持续发展也面临经济增长乏力、贫富差距扩大、化石能源占比高、碳排放量大和减排共识不足等一些亟待解决的问题。需要创新发展理念，强化经济、社会、环境协调发展，以丰富的清洁能源资源为基础，着力打造绿色经济发展新动力，全面加强各行业温室气体和污染物排放控制，以构建北美洲能源互联网促进可持续发展。

2.1　发展挑战

洲内发展不平衡，阻碍经济一体化发展。各国发展水平差异显著。北美地区 GDP 总量世界第一，但加拿大和墨西哥在 GDP 总量、人均 GDP 方面距离美国差距较大，如图 2-1 所示。2017 年美国 GDP 为 19.5 万亿美元，而加拿大、墨西哥的 GDP 总量仅分别为 1.6 万亿美元和 1.2 万亿美元；美国人均 GDP 达到 6 万美元，加拿大人均 GDP 为 4.5 万美元，墨西哥人均 GDP 仅为 8966 美元，低于全球平均水平。**各国内部经济发展不均衡，社会贫富差距增大。**受地质条件、气候环境等影响，加之人口分散，北美各国经济发达区域分布不均衡。美国经济发达区域主要集中在东西海岸、南部地区和西部的加利福尼亚州，后者经济规模与法国相当。2015 年，美国最富有的 1% 家庭的收入是其他 99% 家庭收入的 26.3 倍，高于 2013 年的 4 倍❶。加拿大经济发达地区主要集中在距离美国国界 150 ~ 500 千米范围内，该地区也聚集了加拿大 72% 的人口。墨西哥经济核心区集中在首都墨西哥城附近的中央地区。墨西哥北部边境各州、中部地区与南部各州在收入水平、增长指数和社会民生等方面差距很大。

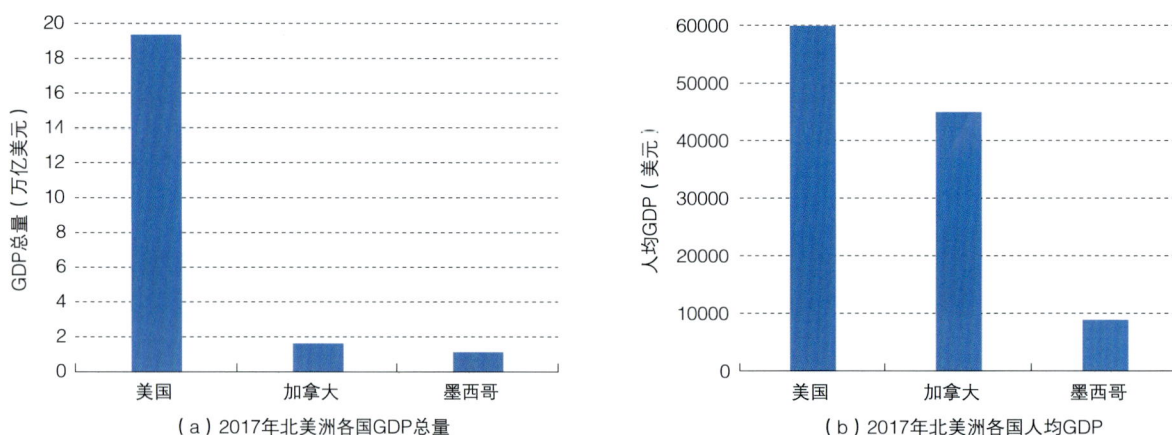

（a）2017年北美洲各国GDP总量　　　　（b）2017年北美洲各国人均GDP

图 2-1　2017 年北美洲各国 GDP 总量和人均 GDP

---

❶ 数据来源：经济政策研究所（EPI）。

基础设施陈旧老化，制约互联互通发展。北美地区率先完成了工业化、城镇化，经济发展驱动力不足，基础设施更新缓慢。目前，墨西哥公路、铁路和港口等基础设施的不足使得物流运输成本较高；美国和加拿大基础设施较完备，但年久失修，设施老化和技术陈旧问题突出，运营状况无法满足现代化运输体系要求。2017 年美国土木工程协会（The American Society of Civil Engineers，ASCE）对美国基础设施等级认定为 D+[1]。以美国和加拿大电力基础设施为例，美国 70% 的输电线路和电力变压器运行年限在 25 年以上，60% 的断路器运行年限超过 30 年[2]；加拿大发电设备平均已运行将近 40 年，输电线路陈旧老化[3]。

碳排放量大，减排共识不足。2016 年，北美洲化石燃料燃烧产生的二氧化碳排放约为 58 亿吨；人均排放 12 吨二氧化碳，约为世界平均水平的 3 倍。美国宣布退出《巴黎协定》后，系统性地修改了国家气候政策。按照现行政策，预计到 2025 年，温室气体排放量将仅比 2005 年减少 13%～15%[4]，无法完成自主减排贡献目标。加拿大联邦政府制定的碳定价体系、交通脱碳和限制燃煤发电等政策法规，缺少省级政府支持，实施难度较大。墨西哥公布"国家气候变化战略"，但尚无具体实施行动计划，清洁能源发展相关财政投入不足。

电网大范围资源优化配置能力亟需提高。美国、加拿大各地电网建设与发展历程较为独立，形成了以就地平衡为主的电力供需格局。随着电网建设放缓、基础设施投资减少，近年来两国输电线路的阻塞现象越发严重，尤其是在负荷集中的美国东部宾夕法尼亚州、纽约州，西部华盛顿州等地，部分线路阻塞小时百分比可达 80%。严重的阻塞现象更加提升了电力设施老化所存在的安全风险。而通过扩大电网互联范围、增强电网资源配置能力来缓解阻塞问题的潜力则并未得到充分发掘。电网大规模互联带来的错峰容量效益也尚未得到充分发挥。近年来随着清洁能源大规模入网，对于通过电网在更大范围配置资源的要求越发提高，亟需推动电网格局向更大范围、更大规模的电力供需平衡转变。

2.2　发展思路

2.2.1　全球能源互联网发展理念

能源发展方式的不合理是引发全球可持续发展挑战的关键因素，化石能源的大量消耗导致全球资源匮乏、环境污染、气候变化、健康贫困等一系列严峻问题。应对挑战，走可持续发展之路，实质就是推动清洁发展。构建全球能源互联网，为推动世界能源转型、加快清洁发展提供了根本方案。全球能源互联网是能源生产清洁化、配置广域化、消费电气化的现代能源体系，是清洁能源在全球范围大规模开发、输送和使用的重要平台，实质就是**"智能电网＋特高压电网＋清洁能源"**。

---

[1] 美国土木工程师协会至今已有 150 多年的悠久历史，是全球土木工程领域的权威，每 4 年出一次报告。该协会发布的评估报告共分为 5 级。A 优秀、B 佳、C 尚可、D 不佳、F 不及格。2013 年美国评级是 D+ 级，4 年时间里，美国基础设施改善毫无进展。

[2] 资料来源：美国能源部（DOE）。

[3] 2015 年加拿大电力工业总体发展概况分析及市场展望；http://www.chyxx.com/industry/201510/350847.html。

[4] 数据来源：气候行动追踪网，美国气候行动总结，2019。

构建全球能源互联网，将加快推动**"两个替代、一个提高、一个回归、一个转化"**。

两个替代

能源开发实施清洁替代，以水能、太阳能、风能等清洁能源替代化石能源；能源消费实施电能替代，以电代煤、以电代油、以电代气、以电代柴，用的是清洁发电。

一个提高

提高电气化水平和能源效率，增大电能在终端能源消费中的比重，在保障用能需求的前提下降低能源消费量。

一个回归

化石能源回归其基本属性，主要作为工业原料和材料使用，为经济社会发展创造更大价值、发挥更大作用。

一个转化

通过电力将二氧化碳、水等物质转化为氢气、甲烷、甲醇等燃料和原材料，破解资源困局，满足人类永续发展需求。

构建全球能源互联网，加快形成清洁主导、电为中心、互联互通、共建共享的能源系统，能够极大地促进能源开发、配置和消费全环节转型，让人人获得清洁、安全、廉价和高效的能源，开辟一条以能源清洁发展推动全球可持续发展的科学道路。

2.2.2　北美洲能源互联网促进北美洲可持续发展

北美洲可持续发展需秉持绿色低碳发展理念，统筹北美洲各国经济、社会、环境发展目标和诉求，以丰富的清洁能源资源为基础，着力打造绿色经济发展新动力，促进社会融合发展，全面落实《巴黎协定》2摄氏度温控目标，深化区域一体化，实现北美洲经济发展、社会进步和生态保护的全面协调发展。

经济方面	社会方面	环境方面
持续推进产业的绿色低碳转型，服务美、加、墨区域一体化发展。	不断增强社会包容性和消除发展不均衡。	全面加强各行业温室气体和污染物排放控制。

　　实现北美洲可持续发展，关键是加快开发清洁能源，加强能源基础设施互联互通，构建北美洲能源互联网，打造清洁能源大规模开发、大范围输送和高效率使用平台，保障安全、充足、经济、高效的能源供应，加速实现绿色低碳发展。北美洲能源互联网是全球能源互联网的重要组成部分，发展总体思路是加快开发北美区域内丰富的水能、太阳能及风能资源，以清洁化发展保障能源持续供应，有力保障能源安全；加快电能替代，以电气化发展提高全要素生产率，提升用能质量；以网络化、互联化实现区域协同互补，增强经济发展动力，为北美洲可持续发展提供坚强保障。

2.3　发展重点

　　加快清洁能源基地开发，实现多能互补互济。坚持以绿色低碳发展为构建北美洲能源互联网的根本方向，加快推进"清洁替代"，充分发挥北美洲清洁能源资源优势，统筹开发大型清洁能源基地。有序开发加拿大阿萨巴斯卡河、萨斯喀彻温河、圣劳伦斯河等流域的大型水电，协同开发加拿大风电，全面开发美国中部风电、太阳能与海上风电，加快开发墨西哥太阳能，加速形成清洁能源多元发展格局，实现能源电力清洁、可靠供应。

　　进一步深化电能替代，持续提高能源利用效率。电能是清洁高效、使用便捷、应用广泛的二次能源，是现代社会不可或缺的生产和生活资料。加快北美地区清洁电源的发展，通过电能对煤炭、石油等终端化石能源的广泛替代，显著提高电能在终端能源消费中的比重。同时，提高能源利用效率，如推进节能技术改造、产业结构优化、循环经济利用模式推广等方面，全面提高北美生产、生活中的电气化水平，打造北美清洁低碳、安全高效的能源体系。

　　加强大范围电力互联互通，构建一体化发展平台。能源是北美洲经济可持续发展的基础，能源互联互通与经济一体化是长时间内相互促进的过程，通过共同发展、共享合作成果将各国更为紧密地联结在一起。统筹考虑北美洲各国在能源资源禀赋、社会发展水平、政治经济环境等方面的差异，加强能源电力互联互通，实现能源配置由局部平衡向跨国大范围配置转变。改善现有电网格局，缓解电网阻塞问题。通过电网互联互通充分发挥联网效益，降低清洁能源开发和输送成本。以电力互联建设带动区域内基础设施互联互通，促进区域内贸易往来，实现北美洲一体化协同发展。

　　通过建设能源供应清洁低碳、能源消费电为中心、能源配置大范围互联互通的北美洲能源互联网，破解化石能源依赖难题，保障能源供给安全，推动经济持续增长，促进社会融合发展，有效保护生态环境，构筑可持续发展坚强保障。

3

能源电力发展趋势

　　围绕促进北美洲经济、社会和环境的全面协调可持续发展，实现《巴黎协定》2摄氏度温控目标，综合考虑资源、人口、经济、产业、技术、气候和环境等因素，基于全球能源互联网能源电力需求预测、电源装机规划等模型（见附录1），对北美洲能源电力发展趋势进行研判。北美洲能源供应向清洁主导方向发展，能源消费向电为中心方向发展，能源需求缓慢下降。终端用能部门电气化水平不断提高，电力需求保持增长。随着风电和太阳能发电成本的快速下降，清洁能源装机规模不断增长，电力供应呈现多样化发展趋势，跨时空、跨季节性的互补性优势也逐步显现，保障北美洲电力清洁充足供应。

3.1　能源需求

3.1.1　总体发展研判

　　经济发展与能源消费逐渐脱钩，能效提升等导致北美洲能源需求稳中趋降。北美洲经济社会发展程度高，尤其是美国人均GDP远高于世界平均水平。综合考虑人口、社会、市场等因素，预计北美洲未来经济低速发展，2020—2050年GDP年均增长1.6%。北美尤其是美国人均能源消费量远高于全球平均水平，经济结构趋于完善，能源需求增长不大，减少能源浪费、不断提高能效是北美能源发展的重点目标。依托先进科技基础和雄厚科研实力，北美洲将在能源效率提升方面引领全球，主要措施集中在调整产业结构、高效能源生产和改进用能设备等方面。产业结构升级、推进新型工业化和高质量城市化是提升能效的根本手段，未来高附加值产业将成为北美各国发展重点，高耗能落后产能加速淘汰。通过升级应用高效燃气轮机和推广热电联产等措施，发电、供热、炼油等设备效率将持续改善，生产转换加工过程的能源损失将有效降低。提高工农业生产机械化、电气化水平并进行循环经济改造，改善交通部门内燃机效率，规模化应用电动汽车、氢能汽车等高效交通工具，改造现有建筑并对新建筑和电器实行严格能效标准等措施将大幅提升各终端用能部门能效。整体能源效率的提升将有效抵消社会发展带来的能源需求增长，北美洲能源需求逐步呈现下降趋势。

　　一次能源结构由石油和天然气为主转向清洁能源为主。北美洲能源需求结构将从目前化石能源主导向可再生能源主导的方向发展。加拿大西部、拉布拉多高原水电基地，美国中南部、西南部太阳能基地，美国中部、加拿大东部风能基地的建设将实现可再生能源的大规模集中式开发利用，能源利用成本快速下降，在发电侧和终端侧替代化石燃料，为北美可持续发展输送源源不断的清洁能源。

　　终端用能电气化水平不断提升。北美洲各国电能替代潜力巨大，随着电能替代技术不断成熟、经济性不断改善，以及各行业用能习惯不断适应，北美洲各终端用能部门电能替代将加速深入推进；同时，电—热、电—气等综合能源协同利用技术以及电制氢、电制燃料技术的推广，将进一步扩大电能的利用规模和范围。工业部门，电能将替代化石能源为各类工业过程提供高温高压环境。交通部门,电能、电制氢能、电制合成燃料将替代石油在市政交通、客运货运,乃至航空航运领域大范围普及应用。建筑内部门,电能将深度替代化石能源,满足炊事、采暖、制冷等居民和商业用能需求。终端用能电气化水平不断提升,保障北美洲能源清洁安全供应。

3.1.2 能源需求展望

一次能源需求先增后降。按发电煤耗法计算,北美洲一次能源需求在 2016—2025 年间小幅增长,从 2016 年的 39.9 亿吨标准煤增至 40.6 亿吨标准煤,增量主要由墨西哥贡献;之后,一次能源需求开始下降且下降速度逐渐加快,2050 年为 34.3 亿吨标准煤,较 2016 年低 14%。2016—2050 年一次能源需求年均下降约 0.4%,其中 2016—2025 年年均增速 0.2%,2026—2050 年年均下降 0.7%。**人均一次能源需求持续下降。**2016—2050 年,北美洲人均能源需求从 8.2 吨标准煤逐年下降至 5.7 吨标准煤,降幅 30%。其中,加拿大下降幅度最大,从 13.5 吨标准煤下降至 7.8 吨标准煤,降幅高达 42%;美国从 10 吨标准煤下降至 6.8 吨标准煤,降幅 32%;墨西哥目前能源发展水平较低,未来提升潜力大,人均能源需求从 2.1 吨标准煤上升至 2.6 吨标准煤,接近目前世界平均水平,但仍大幅落后于北美其他国家。北美洲各国一次能源需求预测如图 3-1 所示,各国预测情况详见附表 2-2。

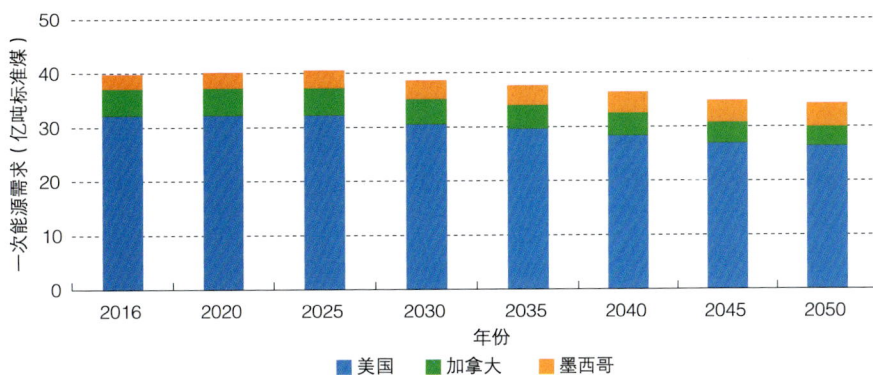

图 3-1 北美洲一次能源需求预测

美国一次能源需求占绝对主导地位,在北美洲一次能源总需求中的占比长期保持在 75% 以上。一次能源需求在 2025 年前稳定在 32.3 亿吨标准煤左右,2025 年后开始下降且下降速度逐步加快,2050 年下降至 26.5 亿吨标准煤,年均下降 0.6%。**加拿大能源需求先增后降,**2016—2025 年,加拿大能源需求保持增势,2025 年达到峰值约 5 亿吨标准煤后开始快速下降,2050 年下降至 3.5 亿吨标准煤,2016—2050 年年均下降约 1%。**墨西哥能源需求持续快速增长,**2050 年墨西哥能源需求达到 4.3 亿吨标准煤,较 2016 年水平增长 62%,年均增速 1.4%,较世界平均水平高 0.7 个百分点。北美洲一次能源需求年均增长率预测见图 3-2。

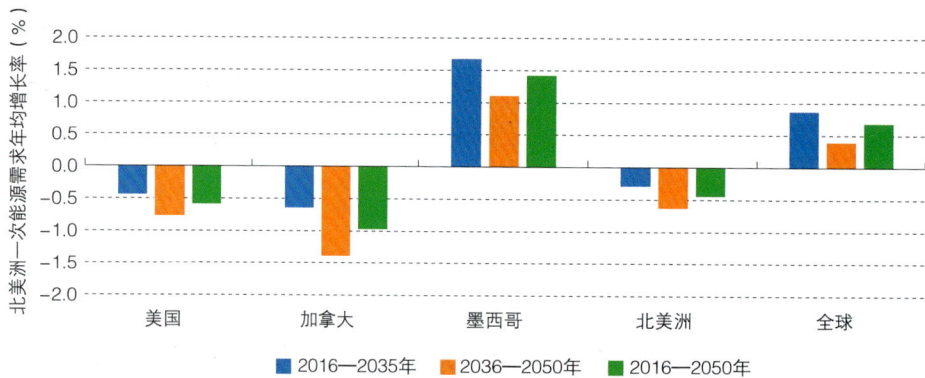

图 3-2　北美洲一次能源需求年均增长率预测

能源强度下降 57%，保持全球领先。依托雄厚科研实力，各项节能技术和深度电能替代技术将在北美洲各国进一步推广应用，北美洲能源效率持续提升，单位 GDP 能耗逐年下降。2016—2050 年，北美洲单位 GDP 能耗从 1.9 吨标准煤／万美元下降到 0.8 吨标准煤／万美元，降幅 57%。美国、加拿大单位 GDP 能耗下降较快，分别从 1.7、3.2 吨标准煤／万美元下降至 0.7、1.2 吨标准煤／万美元，降幅分别为 59%、63%；墨西哥未来将承接部分美国、加拿大转出的传统高耗能产业，单位 GDP 能耗从 2.5 吨标准煤／万美元下降至 1.5 吨标准煤／万美元，降幅较低约 40%。北美洲各国单位 GDP 能耗预测如图 3-3 所示。

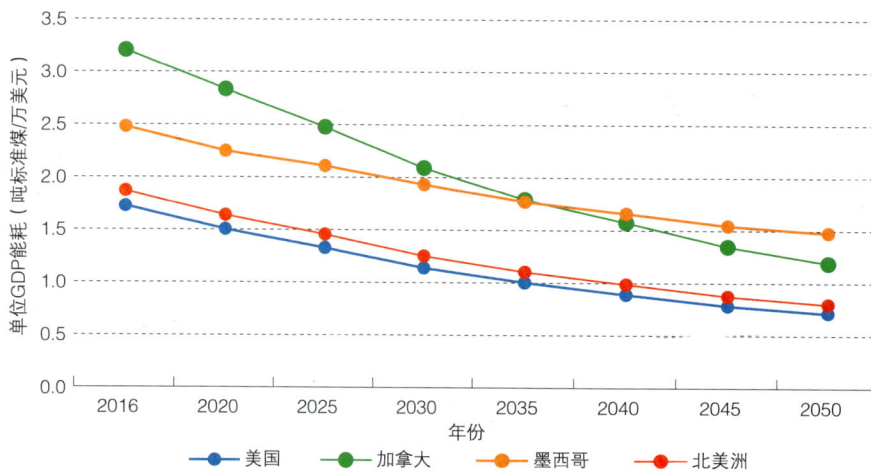

图 3-3　北美洲单位 GDP 能耗预测

煤炭、石油需求逐年下降，天然气需求 2025 年达峰，能源结构从化石能源主导逐步向清洁能源主导转变。2016—2050 年，煤炭、石油需求将分别由 5.3 亿、14.3 亿吨标准煤下降至 1.6 亿、3.6 亿吨标准煤，降幅分别为 70%、75%。天然气需求 2025 年达到峰值约 12 亿吨标准煤，此后快速下降至 2050 年的 6.5 亿吨标准煤，较 2016 年下降 43%。风光可再生能源需求增长快速，2050 年达到 14.1 亿吨标准煤，年均增速达到 7.4%。北美洲一次能源分品种需求预测如图 3-4 所示。2016—2050 年，北美洲清洁能源将增长 2.6 倍，达到 22.6 亿吨标准煤，清洁能源占一次能源比重从 2016 年的 24% 大幅提高到 2050 年的 70%❶，其中，美国清洁能源占比最高，达到 72%。2040 年左右，清洁能源将超越化石能源成为北美洲主导能源。北美洲各国清洁能源占一次能源比重预测如图 3-5 所示。

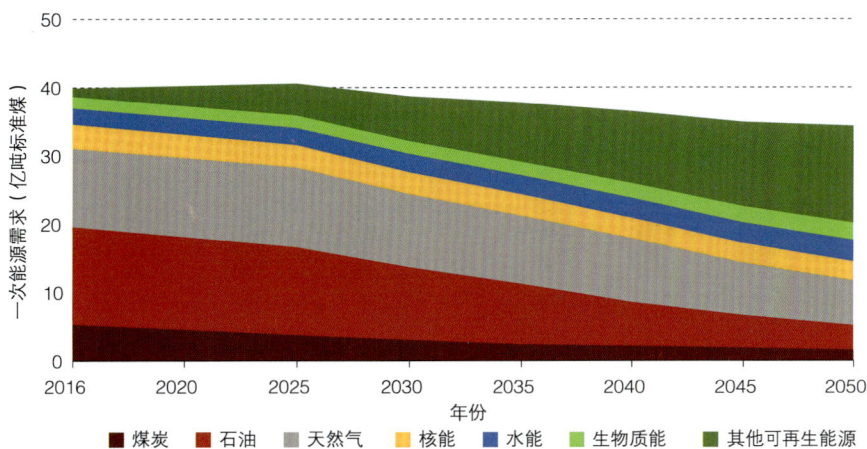

图 3-4　北美洲一次能源分品种需求预测

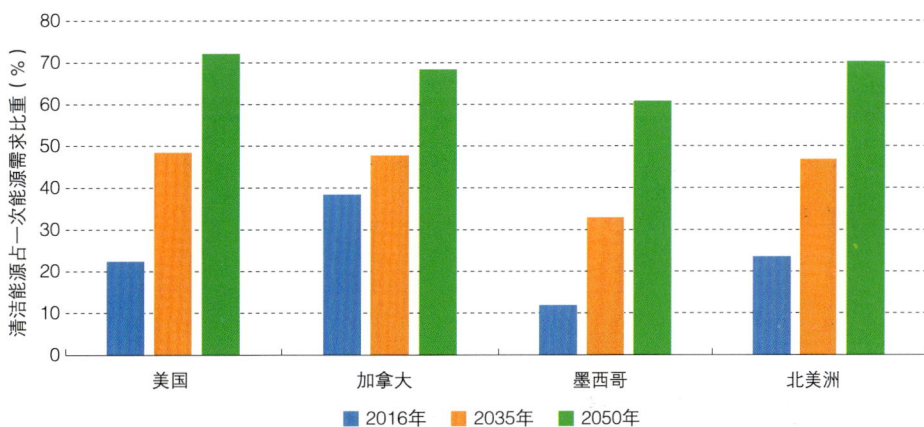

图 3-5　北美洲各国清洁能源占一次能源需求比重

北美洲终端能源需求先增后降。2016—2025 年，北美洲终端能源需求从 26.1 亿吨标准煤增长至 27.4 亿吨标准煤，年均增速 0.5%；2026—2050 年，需求逐年下降，年均下降 1.1%，2050 年降至 20.8 亿吨标准煤，较 2016 年降低 20%，2016—2050 年均下降 0.7%。**终端交通部门用能明显下降，建筑部门用能占比持续上升。**电动汽车规模化效应、铁路电气化和氢能交通的推广应用带动交通部门用能效率快速提升，能源需求较快下降，2050 年降至 6.9 亿吨标准煤，较 2016 年下降 35%，占终端总需求比重下降至 33%。2016—2050 年，建筑部门能源需求下降 9% 至 7.6 亿吨标准煤，但在终端总需求中占比上升 5 个百分点至 37%，成为最大用能部门。工业、非能利用部门在终端用能中的比重保持稳定，2050 年用能需求将分别下降至 4.2 亿、2.1 亿吨标准煤，占比 20%、10%。北美洲终端各部门能源需求预测如图 3-6 所示。

❶　清洁能源占一次能源比重计算时，不计入化石能源非能利用，下同。

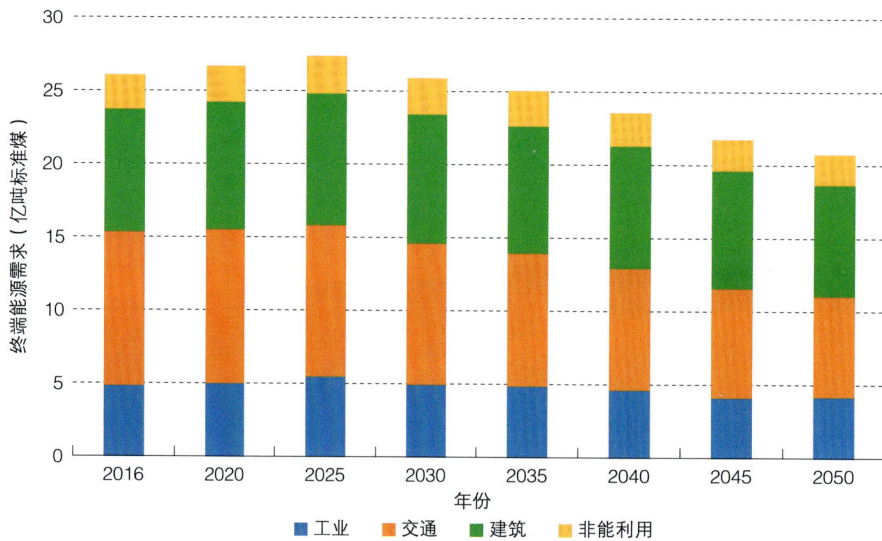

图 3-6　北美洲终端各部门能源需求预测

　　终端电能占比持续提升，电能 2035 年左右成为终端比重最高的能源品种。2050 年，化石能源在终端能源中的比重降至 17%，其中，石油需求将在 2025 年左右显著下降，到 2050 年降至 2.7 亿吨标准煤。同一时期，发电能源占一次能源比重从 42% 提高到 68%，高于 66% 的全球平均水平，电能占终端能源比重从 24% 提高到 59%❶，高于 54% 的全球平均水平。美国电气化程度领先，2050 年电能占比将达到 63%，墨西哥电能占比较低为 41%。北美洲终端能源分品种需求和电能占比预测如图 3-7 所示。

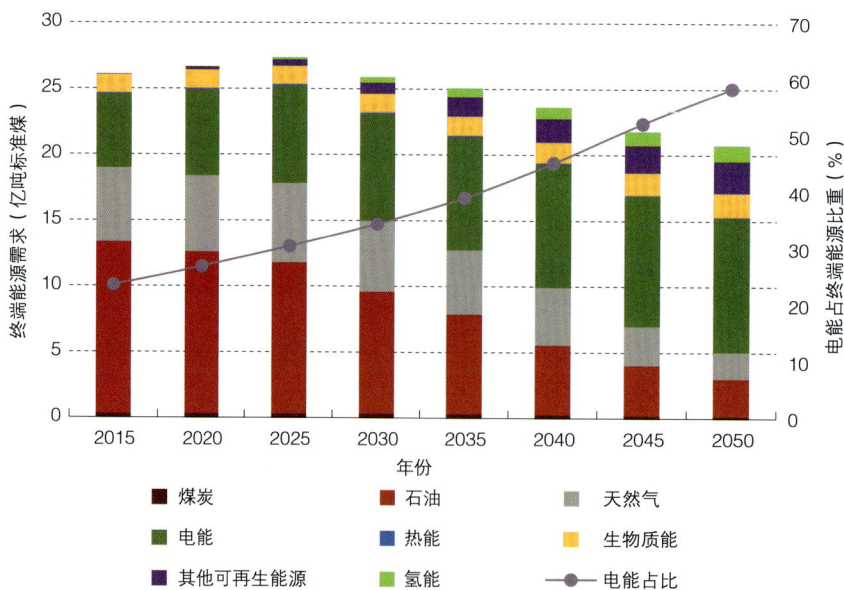

图 3-7　北美洲终端能源各品种需求和电能占比预测

---

❶ 电能占终端能源比重计算时，不计入化石能源非能利用，下同。

工业、交通部门电能占比分别提升 24、45 个百分点，建筑部门电能占比最高。2016—2050 年，北美洲工业化将向高附加值低能耗方向升级发展，用电生产线和电炉将作为制造业主力设备，电能占比从 28% 提升至 52%。交通部门中，随着电动汽车、铁路电气化和氢能交通的大范围普及，部门电气化水平快速上升，电能占比将从不足 1% 提升至 46%。建筑部门用能是电气化水平最高的终端用能部门，未来提升潜力主要是居民采暖的高度电气化、商业用电和数据中心用电的大幅提升，建筑部门电能占比从 50% 提高到 72%。北美洲终端各部门电能占比预测如图 3-8 所示。

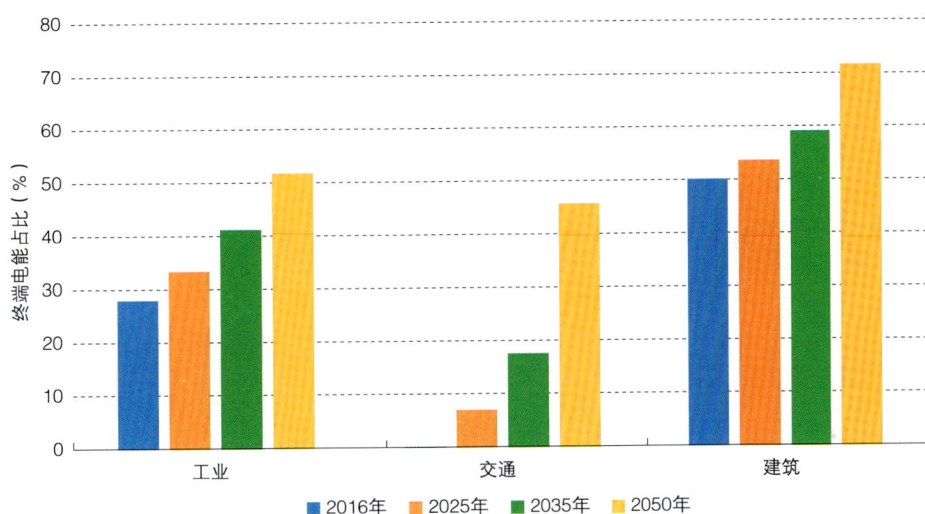

图 3-8 北美洲终端各部门电能占比预测

3.2 电力需求

3.2.1 总体发展研判

随着北美洲经济社会发展，未来电力需求仍将呈现平稳增长态势，电力需求主要增长点包括美国制造业回归、电动汽车等交通运输领域电能替代、大规模数据中心建设及智能化设备普及应用、墨西哥工业化电力需求等。

制造业回归、智能机器等先进制造技术发展提升北美工业领域用电量。2016 年以来，美国着力推动"再工业化（Re-industrialization）"，旨在通过重建制造业、增加就业岗位，缓解美国近二十年来实体经济衰退、产业结构空心化的问题。五大湖地区集中了美国半数以上的制造业及相关工业❶，包括工业门类中重要的钢铁工业、煤炭工业、汽车工业、化工工业等，是美国制造业回归的重点地区。预计 2035、2050 年，美国制造业新增用电需求有望分别达到 0.8 万亿

---

❶ 资料来源：美国能源信息署，制造业电力消费调查，2014。

千瓦时和 1.1 万亿千瓦时，其中五大湖工业区制造业新增用电需求则分别达到 0.4 万亿千瓦时和 0.5 万亿千瓦时。美国工业及制造业用电量预测如图 3-9 所示。

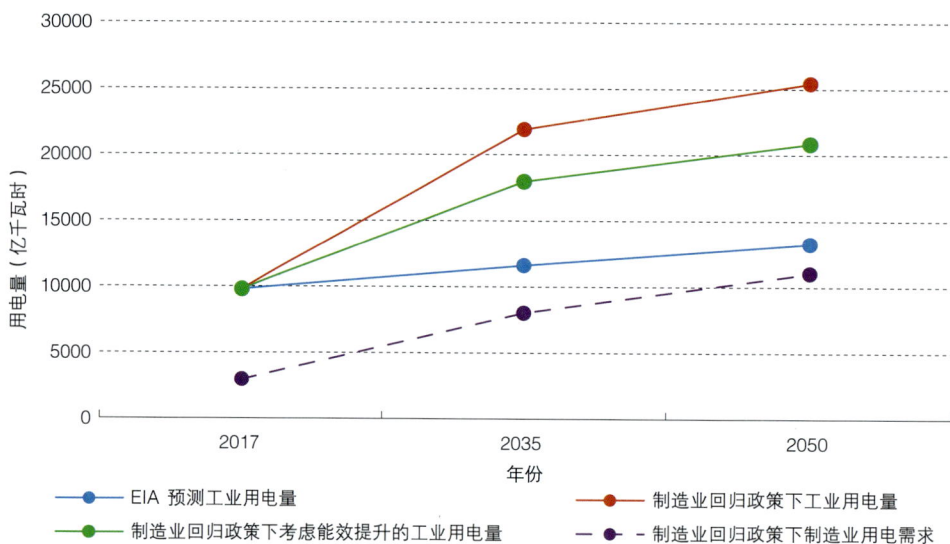

图 3-9　美国工业用电量预测 [1]

电动汽车等交通运输领域电能替代潜力大。 目前，美国已有电动汽车 71 万辆，建设充电桩 1.9 万个和充电插座 5.1 万个。加州、纽约州等地区积极推进电动汽车鼓励政策，加州政府提出 2030 年零排放汽车达到 500 万辆，其中主要为电动汽车，含少量氢能汽车 [2]。美国东部马里兰州、马萨诸塞州、纽约州、康涅狄格州、罗得岛州、佛蒙特州、新泽西州和西部加州、俄勒冈州共同签署了零排放汽车发展备忘录，并联合部分欧洲国家成立了全球零排放汽车发展联盟。美国电科院（Electrical Power Research Institute）预测未来 10 年锂电池成本将大幅下降，锂电池市场将逐步成熟。综合电动汽车发展政策、技术等多重因素，预测到 2035，北美洲电动汽车数量达到 1.1 亿 ~ 1.4 亿辆，占汽车保有量的 30% ~ 40%；2050 年，电动汽车数量将达到 2.4 亿 ~ 2.7 亿辆，占汽车保有量的 60% ~ 70%。据此测算，2035、2050 年，北美洲电动汽车新增用电需求分别达到 3200 亿 ~ 4200 亿千瓦时和 6800 亿 ~ 7800 亿千瓦时。综合考虑包含电动车在内的各种交通工具的用电需求，预计 2035、2050 年北美洲交通行业用电总需求将达到 3800 亿 ~ 5300 亿千瓦时和 9900 亿 ~ 11000 亿千瓦时，如图 3-10 所示。

---

[1] 2017 年数据来源：美国能源信息署，2018 年度能源展望，2018。
[2] 资料来源：加利福尼亚州 2018 年州情咨文。

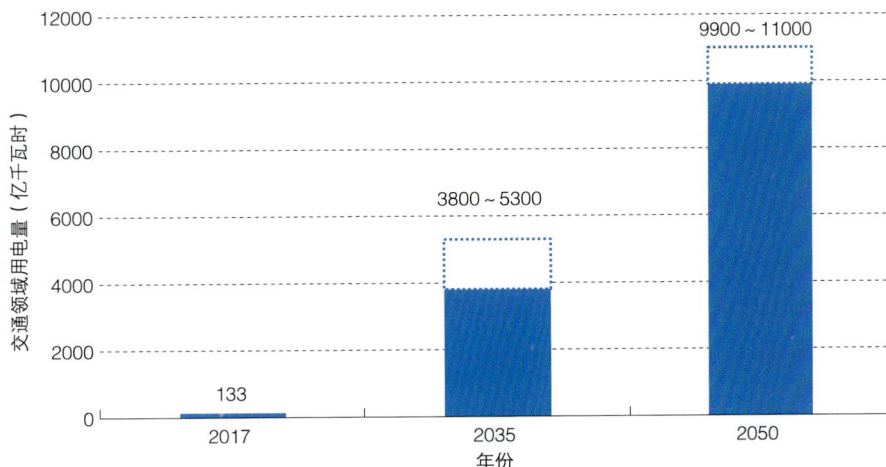

图 3-10　北美交通行业电力需求增长预测

信息技术快速发展推动大规模数据中心建设及智能化设备普及应用，带动电力需求增长。
随着超级计算、云计算、物联网、大数据、人工智能等新技术的快速进步，下一代互联网技术
所要处理的数据量将呈指数级的增长，数据中心的建设需求也将进一步增大。根据伯克利实验
室的研究报告 **❶**，美国 2014 年数据中心能源消耗为 700 亿千瓦时，占全美国用电量的 1.8%，占
当前全球所有数据中心用电量总额的 35%。预计 2035、2050 年，美国新增数据中心电力需求
分别达到 2200 亿千瓦时和 3600 亿千瓦时。

专栏　**北美数据中心用电与分布**

　　北美洲是互联网技术和信息技术的引领者，随着信息技术革命不断推进，特别是进入大
数据时代，互联网产业对于大型数据中心的需求呈爆发式增长。

　　数据中心设备种类多，降温要求高，电能消耗巨大。资料显示 **❷**，按 8 ～ 10 年运行周期
计算，能源成本占数据中心总成本一半左右。目前，美国大型数据中心分布在东海岸、西
北部和五大湖等地区。随着电动汽车、人工智能、大数据、云计算等新兴产业的发展，数
据中心需求不断增加，预计到 2050 年北美将形成东海岸、五大湖、西北部和东北部等四大
数据中心集群。

---

❶　资料来源：https://eta.lbl.gov/publications/united-states-data-center-energy。
❷　数据来源：工业和信息化部信息通信发展司，全国数据中心应用发展指引（2018），2019。

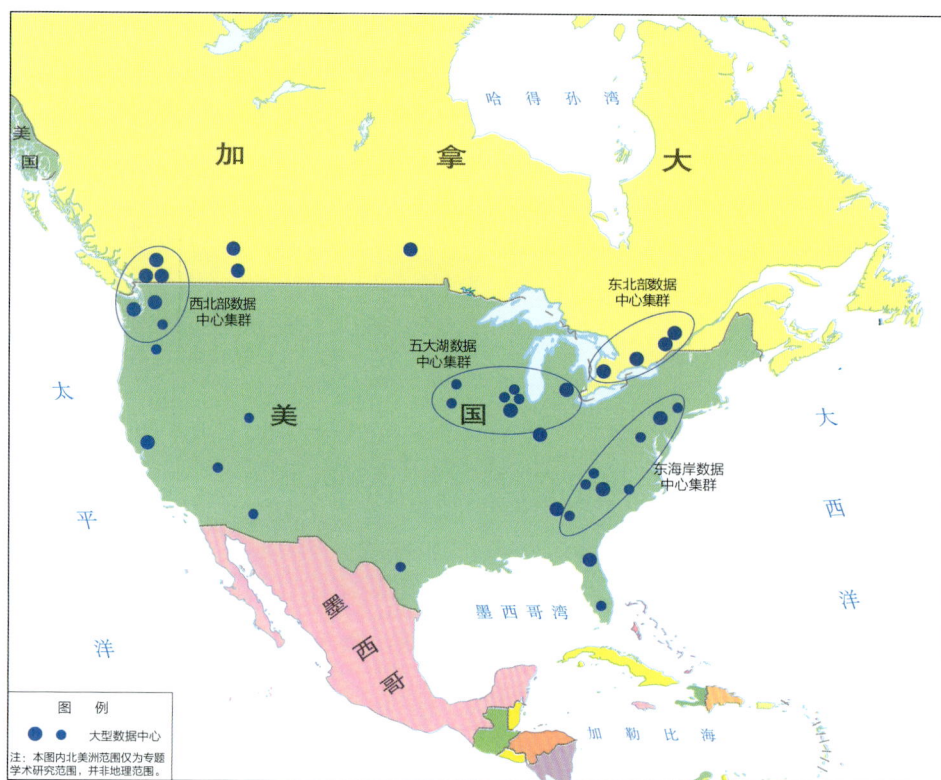

图1　2050年北美洲大型数据中心分布示意图

　　墨西哥工业化进程带来显著电力需求增长。墨西哥拥有较为完整和多样化的工业体系，且人力资源、矿产资源、农产品资源均十分丰富。作为北美自由贸易区成员，得益于承接美国产业转移和高度开放，过去5年虽受全球尤其是美国经济增长放缓的影响，其经济仍能保持2%～2.5%的稳健增长态势[1]，已成为北美乃至全球重要的新兴经济体。未来随着基础设施建设加速与产业升级发展，其电力需求仍将保持增长态势。墨西哥国家能源部预测到2032年，全国用电总量增速将保持在3.1%[2]。综合考虑墨西哥产业结构和美国制造业回归带来工业产业链整体需求增加，预计墨西哥实际电力需求增速将超过4%。

3.2.2　电力需求展望

　　北美洲电力需求总量稳步增长，人均用电水平持续上升。2035年，北美洲用电总量增至7.2万亿千瓦时，2017—2035年的年均增速2.4%；最大负荷12.8亿千瓦，2017—2035年的年均增速2.4%；年人均用电量12812千瓦时。2050年，北美洲用电量将达到8.9万亿千瓦时，2036—2050年的年均增速1.5%；最大负荷15.9亿千瓦，2036—2050年的年均增速1.4%；年人均用电量14869千瓦时。北美洲电力需求与年人均用电量预测如图3-11和图3-12所示。

---

❶　资料来源：商务部，对外投资合作国别（地区）指南2018年版－墨西哥，2019。
❷　资料来源：墨西哥国家能源部，国家电力系统发展规划2018—2032，2018。

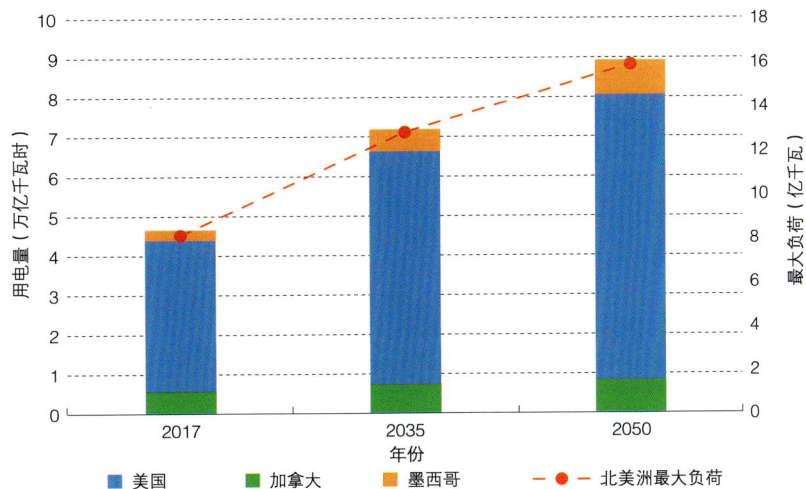

图 3-11 北美洲电力需求预测

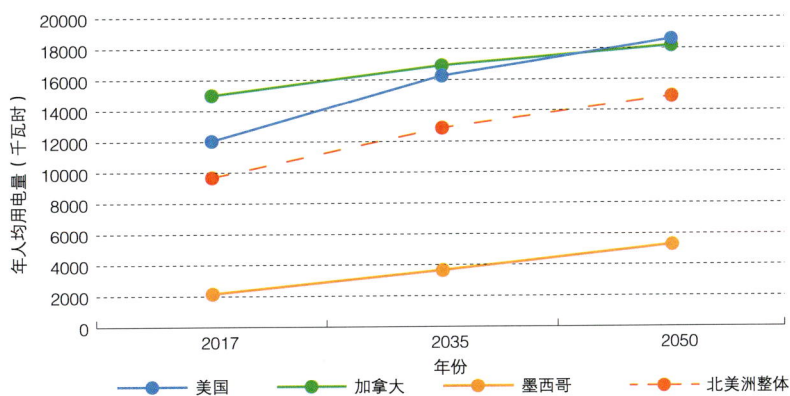

图 3-12 北美洲人均用电量预测

从行业分布看，北美未来交通行业用电量增长迅猛，2050 年达到约 1 万亿千瓦时，占比由 2017 年的不足 1%[1] 增长至 2050 年的 11%。工业用电量大幅上涨，占比稳步回升，至 2050 年增至 2.9 万亿千瓦时，占比 33%。商业和居民用电同步增加，2050 年分别达到 2.6 万亿、2.5 万亿千瓦时，占比略有下降，2050 年均保持在 28% 左右水平。各行业电力需求预测如图 3-13 所示。

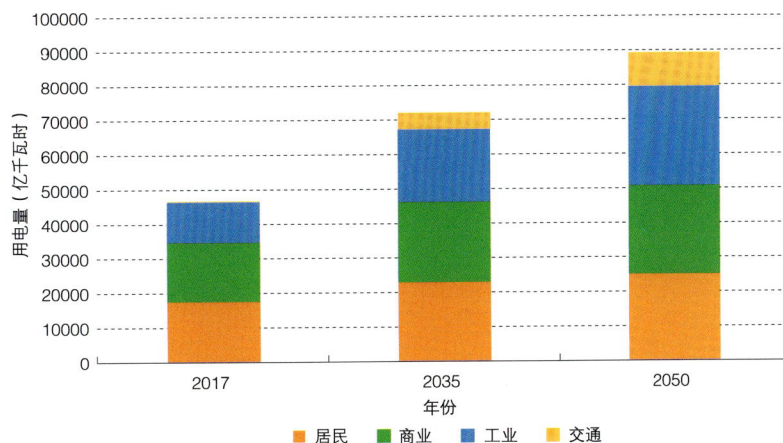

图 3-13 北美洲分行业电力需求预测

[1] 现状数据来源：美国能源信息署，2018 年度能源展望，2018。

从国别看，美国电力需求占比仍超过 80%，墨西哥需求增长较显著。美国 2035 年用电量增长至 5.9 万亿千瓦时，占全洲的 82%，2017—2035 年的年均增速 2.4%，年人均用电量 16209 千瓦时；最大负荷为 10.7 亿千瓦，2017—2035 年的年均增速 2.6%。2050 年美国用电量达到 7.2 万亿千瓦时，占比 81%，2036—2050 年的年均增速为 1.4%，年人均用电量 18559 千瓦时；最大负荷 13.1 亿千瓦，2036—2050 年的年均增速为 1.4%。

加拿大 2035 年用电量增长至 7066 亿千瓦时，占北美洲的 9.8%，2017—2035 年的年均增速 1.5%，年人均用电量 16868 千瓦时；最大负荷约 1.2 亿千瓦，2017—2035 年的年均增速 1.4%。2050 年用电量达到 8148 亿千瓦时，占比 9%，2036—2050 年的年均增速 0.95%，年人均用电量 18127 千瓦时；最大负荷 1.4 亿千瓦，2036—2050 年的年均增速 1.1%。

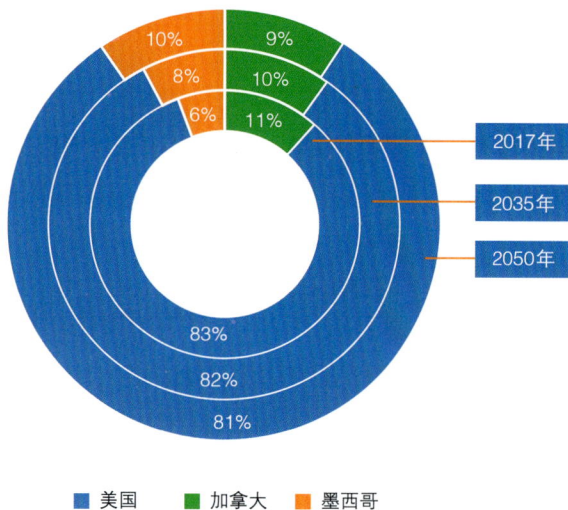

图 3-14　北美洲各国用电量占比

墨西哥 2035 年用电量增长至 5510 亿千瓦时，占北美洲比重提升至 7.7%，2017—2035 年的年均增速 4.2%，年人均用电量 3600 千瓦时；最大负荷约 8610 万千瓦，2017—2035 年的年均增速 4.1%。2050 年用电量达到 8585 亿千瓦时，占全洲比重升高至 9.6%，2036—2050 年的年均增速 3%，年人均用电量达到 5226 千瓦时；最大负荷 1.3 亿千瓦，2036—2050 年的年均增速 3%。北美各国用电量占比如图 3-14 所示，预测数据见表 3-1，各国电力需求详见附表 2-3。

表 3-1　北美洲各国电力需求预测

国家	用电量（亿千瓦时）			用电量增速（%）		最大负荷（万千瓦）			负荷增速（%）	
	2017 年	2035 年	2050 年	2017—2035 年	2036—2050 年	2017 年	2035 年	2050 年	2017—2035 年	2036—2050 年
美国	38440	59166	72304	2.4	1.4	67439	107108	130883	2.6	1.4
加拿大	5380	7066	8148	1.5	0.95	9439	12283	14295	1.4	1.1
墨西哥	2650	5510	8585	4.2	3.0	4224	8610	13414	4.0	3.0
北美洲	46470	71742	89037	2.4	1.5	81102	127901	158592	2.4	1.4

3.3 电力供应

3.3.1 总体发展研判

北美洲清洁能源资源丰富，清洁能源分布广泛，多种能源跨时区、跨季节互补效益显著。**随着清洁能源发电成本的持续降低，清洁能源开发的经济、规模优势将越发凸显，从而有力推动北美洲电力供应清洁化转型，电力供应呈现多样化发展趋势。**

清洁能源发电成本逐步低于化石能源。2017 年北美地区陆上风电和光伏发电度电成本已低于煤电，预计 2035 年，北美海上风电度电成本也将低于煤电，达到 6.6 美分 / 千瓦时，陆上风电和集中式光伏发电成本低于气电，达到 3.3 美分 / 千瓦时和 2.2 美分 / 千瓦时。预计 2050 年，北美清洁能源度电成本将继续下降,陆上风电和集中式光伏发电度电成本均低于 3 美分 / 千瓦时，各类电源度电成本变化如图 3-15 所示。同时，考虑燃煤、燃气发电存在碳排放产生的社会成本，清洁能源发电经济性优势更加显著。

图 3-15 北美洲电源度电成本变化趋势

清洁能源季节特性互补。加拿大主力电源为水电，呈现夏大冬小特性，与美国风电特性互补作用明显，如图 3-16 所示。加拿大向美国送电，利用资源特性差异，结合美国风电季节特点，共同保障美国负荷中心的电力供应。美国中部太阳能、风电的出力特性也呈现出季节互补特性，如图 3-17 所示，大规模开发清洁能源基地联合送出，可提升送出通道效率、保障供电稳定性。

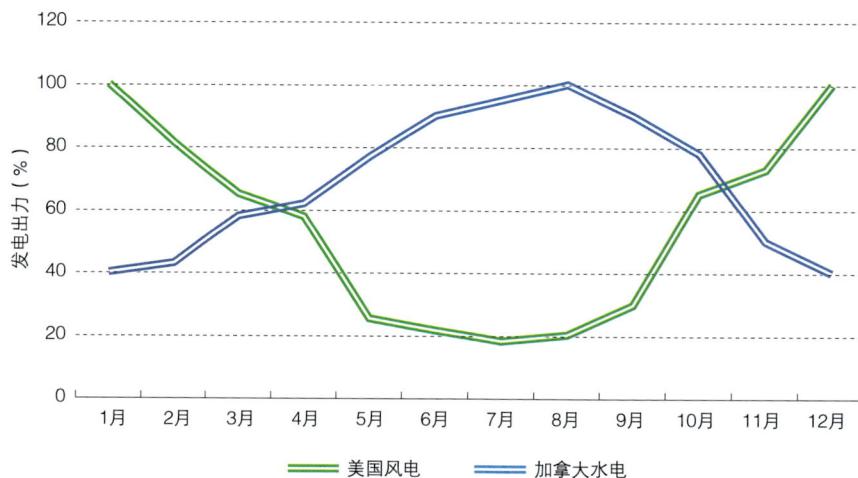

图 3-16　加拿大水电与美国风电互补特性示意图

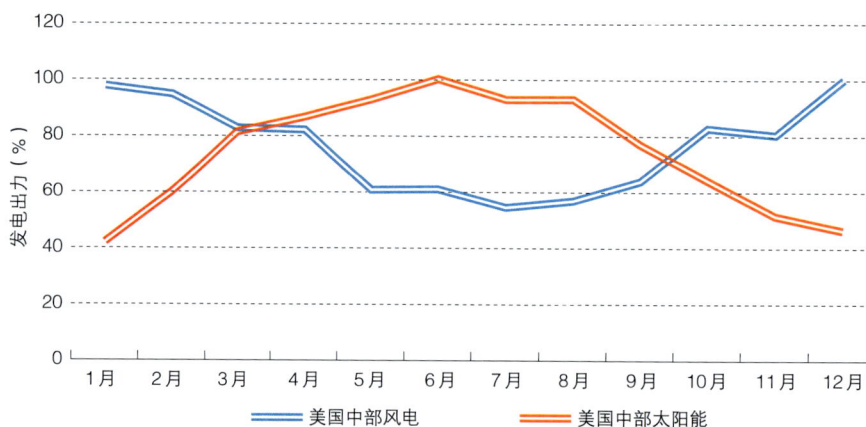

图 3-17　美国中部风电与太阳能互补特性示意图

3.3.2　电力供应展望

统筹考虑北美洲能源电力需求发展趋势、能源资源禀赋、网源荷协调、气候变化及环境治理等因素，按照绿色低碳、可持续发展的原则，优化电源结构，统筹大规模清洁能源基地和分布式清洁能源开发，发挥北美洲水电、太阳能与风电的互补效益，实现北美清洁能源大规模开发和高效利用。

2035 年，北美洲电源总装机容量 24.8 亿千瓦，其中清洁能源装机容量 17.4 亿千瓦，占比由 2017 年的 34.2% 提升至 70.2%，成为主导电源。太阳能装机容量 6.1 亿千瓦，占比 24.6%；风电装机容量 7.1 亿千瓦，占比 28.5%；水电装机容量 2.5 亿千瓦，占比 10%；核电装机容量 1.6 亿千瓦，占比 6.3%。化石能源总装机容量 7.4 亿千瓦，占比由 2017 年的 65.8% 大幅下降至 29.8%。

2050年，北美洲电源总装机容量达到36.3亿千瓦，其中清洁能源装机容量29.3亿千瓦，占比达80.7%。太阳能装机容量达到13亿千瓦，占比35.9%，成为第一大发电能源，风电装机容量11.5亿千瓦，占比31.6%，水电装机容量3亿千瓦，占比8.4%，核电装机容量1.5亿千瓦，占比4.3%。化石能源总装机容量进一步下降至7亿千瓦，占比仅19.3%。北美各类电源装机展望如图3-18所示，装机结构如图3-19所示，各国具体装机容量预测详见附表2-4。

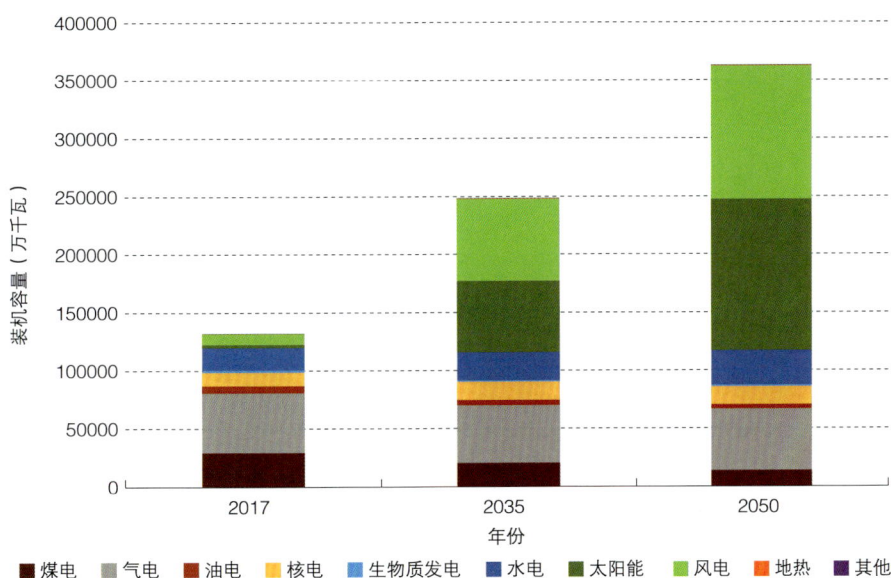

图3-18　北美洲电源装机展望

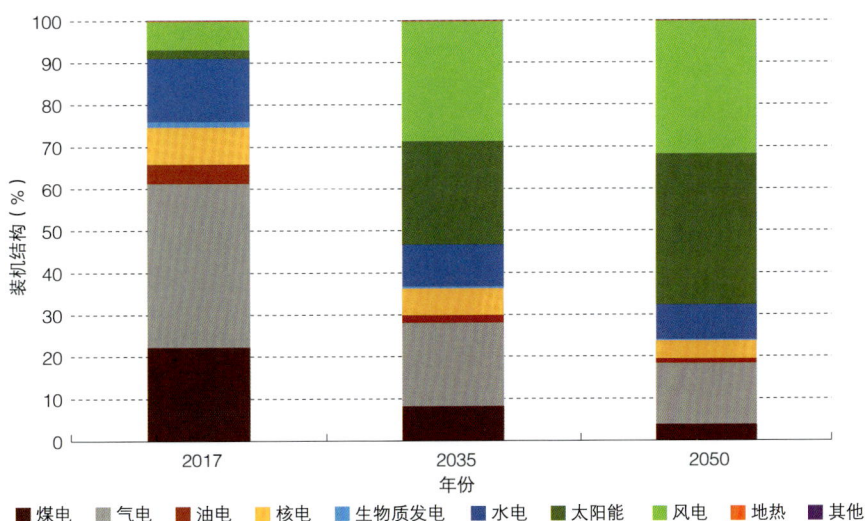

图3-19　北美洲电源装机结构

2035年，北美洲清洁能源发电量4.7万亿千瓦时，占总发电量比重由2017年的40%提升至64.2%，成为电量主要来源。太阳能发电量约1.2万亿千瓦时，占比16%；风电发电量

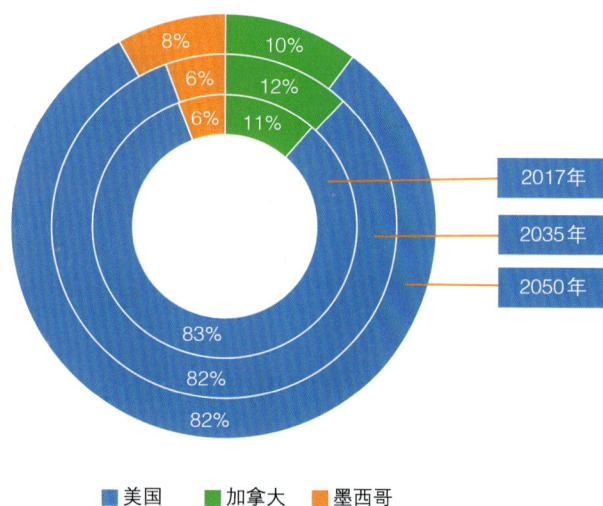

图 3-20　北美洲各国电源装机占比

1.4 万亿千瓦时，占比 18.5%；水电发电量 1 万亿千瓦时，占比 13.9%；核电发电量 1.1 万亿千瓦时，占比 14.3%。化石能源总发电量 2.6 万亿千瓦时，占比由 2017 年的 60% 降至 35.8%。

2050 年，北美洲清洁能源发电量约 6.8 万亿千瓦时，占总发电量比重达 74.3%。太阳能发电约 2.3 万亿千瓦时，占比 24.8%；风电发电量 2.2 万亿千瓦时，占比 23.8%；水电发电量 1.2 万亿千瓦时，占比 13.2%；核电发电量约 1 万亿千瓦时，占比 11.1%。

化石能源总发电量约 2.4 万亿千瓦时，占比进一步降至 25.7%。

分国家看， 美国电源装机比重大，2017、2035 年和 2050 年美国总装机容量分别为 10.9 亿❶、20.5 亿和 29.6 亿千瓦，分别占北美洲总装机容量的 83%、82% 和 82%。墨西哥装机容量增速较快，2017、2035 年和 2050 年装机容量分别为 7600 万、1.4 亿千瓦和 3 亿千瓦。北美各国电源装机占比如图 3-20 所示。

从各国电源装机结构看， 美国以太阳能发电和风电为主，加拿大以水电和风电为主，墨西哥以太阳能发电为主。美国 2017 年太阳能和风电总装机占比仅为 9%，2035 年占比上升至 54.8%，2050 年达到 69%。加拿大 2017 年水电和风电装机占比为 61%，2035 年进一步上升达到 84%，2050 年达到 86.6%。墨西哥 2017 年太阳能装机占比不足 1%，2035 年达到 23.9%，2050 年达到 56.1%。北美各国 2050 年电源装机结构如图 3-21 所示。

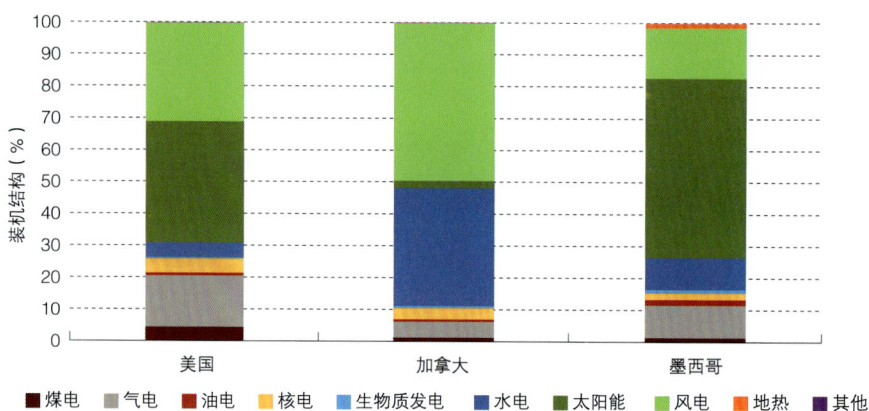

图 3-21　2050 年北美洲各国电源装机结构

---

❶ 现状数据来源：美国能源信息署、北美电力可靠性协会。

4

清洁能源资源
开发布局

北美洲清洁能源资源丰富，水能、风能、太阳能理论蕴藏量分别占全球的14%、21%和10%。北美洲水能资源主要分布在北部，风能和太阳能资源集中在中部和南部。水电开发比例约43%，风能和太阳能开发程度低，开发潜力巨大。需要统筹资源禀赋和需求分布，未来通过集中式和分布式协同开发，实现北美洲清洁能源大规模开发和高效利用。综合风、光、降水等气候数据以及地理信息、地物覆盖等数据，提出了清洁能源资源评估模型（见附录1）。在此基础上，参考借鉴相关国家和国际组织、机构等发布的研究成果，对北美洲清洁能源资源及大型基地布局进行研判。

4.1 清洁能源资源分布

4.1.1 水能

北美洲河流众多，河网密布，水能资源丰富，主要河流如图4-1所示。圣劳伦斯河起源于安大略湖，向东流入大西洋的圣劳伦斯湾；育空河、马更些河、哥伦比亚河、密西西比河、科罗拉多河、格兰德河都发源于西部落基山脉，分别注入墨西哥湾、太平洋、北冰洋；此外发源于阿巴拉契亚高地的河流向东注入大西洋、西经密西西比河注入墨西哥湾。

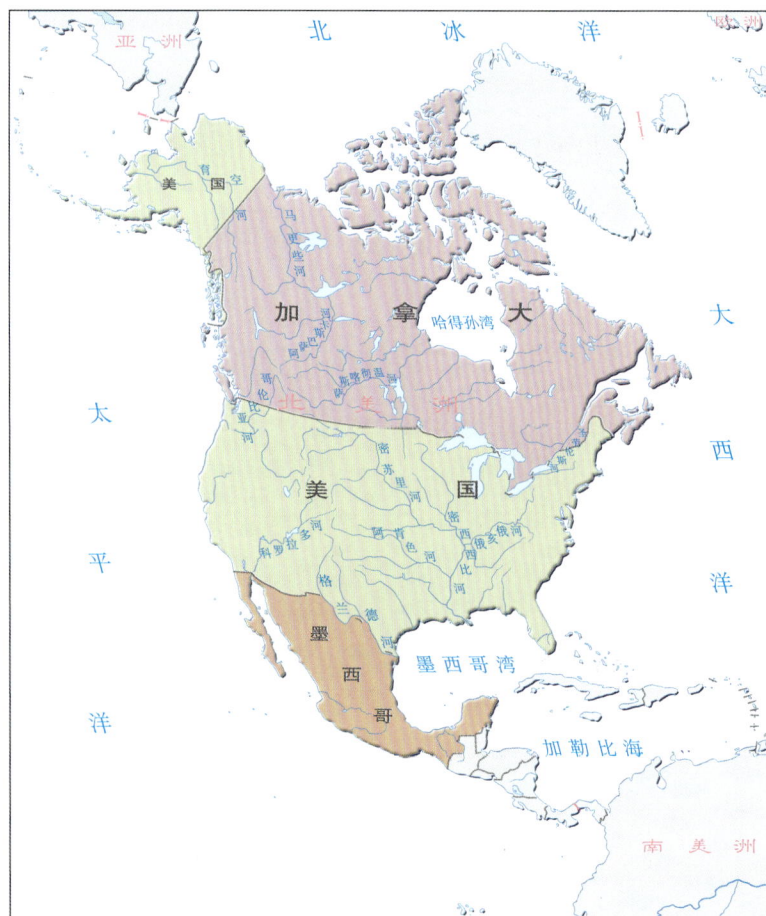

图4-1 北美洲主要河流示意图

北美洲水能资源理论蕴藏量约 5.5 万亿千瓦时 / 年，技术可开发装机容量约 4.3 亿千瓦。
其中，美国技术可开发装机容量约 1.5 亿千瓦，占北美洲总量的 36%；加拿大技术可开发装机容量约 2.4 亿千瓦，占总量的 57%；墨西哥技术可开发装机容量约 3000 万千瓦，占总量的 7%。北美洲水电总体开发比例 43%，其中美国水电开发比例约 53%，加拿大和墨西哥水电开发比例分别为 36% 和 47%，北美洲水能资源及开发现状见表 4-1。

表 4-1　北美洲水能资源量分布及开发现状 ❶

国家	技术可开发装机容量 （亿千瓦）	建成装机容量 （亿千瓦）	年发电量 （亿千瓦时）	年发电利用小时数 （小时）	开发程度 （%）
美国	1.5	0.80	2733	3416	53
加拿大	2.4	0.87	3777	4341	36
墨西哥	0.3	0.14	317	2264	47

4.1.2　风能

北美洲风能资源较好，距地面 100 米高度全年平均风速范围 2 ~ 12 米 / 秒 ❷。全年平均风速大于 7 米 / 秒的区域较多，主要分布美国阿拉斯加州沿海区域以及加拿大北部、东部和西南沿海区域。美国阿拉斯加州沿海海域三面环北冰洋、白令海和北太平洋，除北部临北冰洋，部分地区全年平均风速略低于 6 米 / 秒外，其他地区风能资源较好，风速较高，部分地区平均风速可达 12 米 / 秒。加拿大北部临北冰洋，岛屿多，沿海区域风能资源好，部分地区平均风速约 10 米 / 秒。加拿大东部区域被拉布拉多海和北大西洋环绕，风能资源好，风速高，大部分区域平均风速高于 7 米 / 秒，部分地区可达 12 米 / 秒。

北美洲全年平均风速低于 5 米 / 秒的区域主要分布于墨西哥西部和南部地区。该地区地处热带高原，气候干旱，风能资源一般。北美洲年平均风速分布如图 4-2 所示。

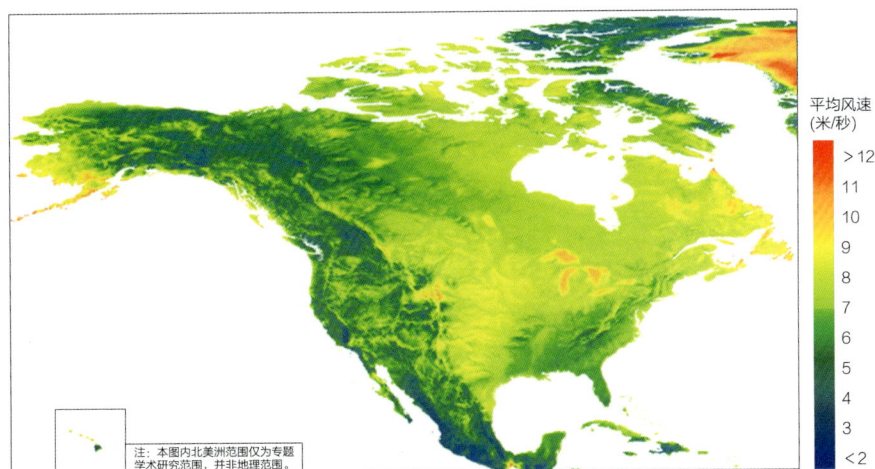

图 4-2　北美洲年平均风速分布示意图

❶ 数据来源：水电现状开发数据为 2017 年，引自美国能源信息署。
❷ 数据来源：VORTEX，风能资源信息数据库。

北美洲陆上风能资源理论蕴藏量约 380 万亿千瓦时 / 年,主要集中在美国中西部、加拿大中部和东部,富集地区资源情况见表 4-2。**美国**陆上风能资源技术可开发量约 33 万亿千瓦时 / 年,按 3000 利用小时考虑,装机潜力约 110 亿千瓦。**加拿大**陆上风能资源技术可开发量 25 万亿千瓦时 / 年,按 3000 利用小时考虑,装机潜力约 80 亿千瓦。**墨西哥**陆上风能技术可开发量约 4 万亿千瓦时 / 年,按 3000 利用小时考虑,装机潜力约 13 亿千瓦。

表 4-2 北美洲陆上风能资源富集地区情况

地区	富集地区	年平均风功率密度（瓦 / 平方米）	技术可开发装机容量（亿千瓦）
美国中部	北达科他州、南达科他州、内布拉斯加州、堪萨斯州、俄克拉荷马州、得克萨斯州	400 ～ 600	34
加拿大东北部	魁北克省、新不伦瑞克省、纽芬兰岛	500 ～ 600	22

北美洲海上风电资源十分丰富,理论蕴藏量 50 万亿千瓦时 / 年,技术可开发装机容量可达到 100 亿千瓦,主要分布于美国东西部沿海地区。

4.1.3 太阳能

北美洲太阳能资源丰富,太阳能年总水平面辐射量（GHI）范围约 800 ～ 2500 千瓦时 / 平方米❶,理论蕴藏量约 15000 万亿千瓦时 / 年。北美洲太阳能年总水平面辐射量大于 2000 千瓦时 / 平方米的区域主要包括美国西南部以及墨西哥西部和中部地区。美国西南部与墨西哥接壤,属于热带沙漠气候,植被覆盖率不高,气候干旱,太阳能年总水平面辐射量高。墨西哥西部和中部地区降水少,气候干热,属于热带高原气候,太阳能年总水平面辐射量高。北美洲地区太阳能年总水平面辐射量低于 1000 千瓦时 / 平方米区域主要分布于加拿大西北部沿海区域。加拿大西北部属于寒带苔原气候,植被覆盖率高,降水较多,太阳能年总水平面辐射量较低。北美洲太阳能年总水平面辐射量分布如图 4-3 所示。

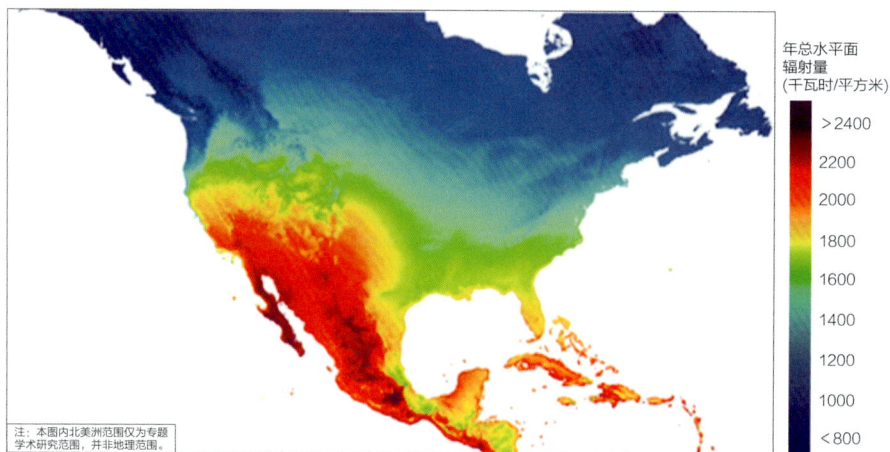

图 4-3 北美洲太阳能年总水平面辐射量分布示意图

❶ 数据来源:SOLARGIS,太阳能资源信息数据库,北美洲太阳能年水平面辐射量地图,2014。

北美洲太阳能年总法向直射辐射量（DNI）范围约 500～2300 千瓦时／平方米。北美洲太阳能年总法向直射辐射量大于 2000 千瓦时／平方米的区域主要包括美国西南部以及墨西哥西部和中部地区。美国西南部植被覆盖率不高，气候干旱；墨西哥西部和中部地区降水少，气候干热，太阳能年总法向直射辐射量高。北美洲地区太阳能年总法向直射辐射量低于 1000 千瓦时／平方米区域主要分布于加拿大西北部沿海区域。加拿大西北部植被覆盖率高，降水较多，太阳能年总法向直射辐射量低。北美洲太阳能年总法向直射辐射量分布如图 4-4 所示。**美国**太阳能技术可开发量约 250 万亿千瓦时／年。**墨西哥**太阳能技术可开发量约 80 万亿千瓦时／年。

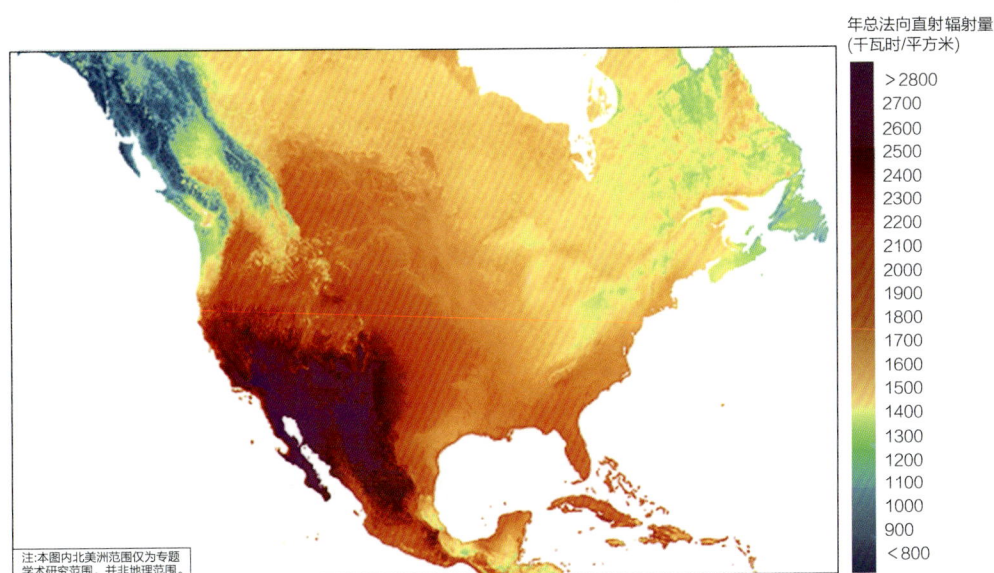

图 4-4　北美洲太阳能年总法向直射辐射量分布示意图

4.2　清洁能源基地布局

北美洲清洁能源开发集中式、分布式并举。北美洲清洁能源分布不均衡，资源富集地区优势明显。以太阳能为例，美国西南部地区最大年总水平面辐射量超过 2200 千瓦时／平方米，墨西哥大部分地区最大年总水平面辐射量均超过 2000 千瓦时／平方米，美国东部地区太阳能最大年总水平面辐射量低于 1700 千瓦时／平方米，约为西南部地区的 70%。在西南部太阳能富集地区集中开发大型基地，可提高开发效率，并充分利用土地成本优势，发挥集中式开发的规模经济效益。预计西南部地区太阳能基地上网电价约 2 美分／千瓦时，送电东西部负荷中心输电价约 1～2 美分／千瓦时，到网电价约 3～4 美分／千瓦时，东西部负荷中心煤电上网电价约 10 美分／千瓦时，分布式电源度电成本约 8～10 美分／千瓦时，大规模太阳能基地电力外送经济性优势显著。同时，在电网末端及屋顶等分散式资源丰富地区，可建设分布式电源，与大规模集中式开发协同发展。

根据清洁能源资源分布、开发条件及各国开发现状，北美洲重点建设 **3 个水电基地、16 个风电基地、12 个太阳能基地，**2050 年装机容量分别达到约 1.2 亿、3.2 亿、2.1 亿千瓦，基地分布如图 4-5 所示。

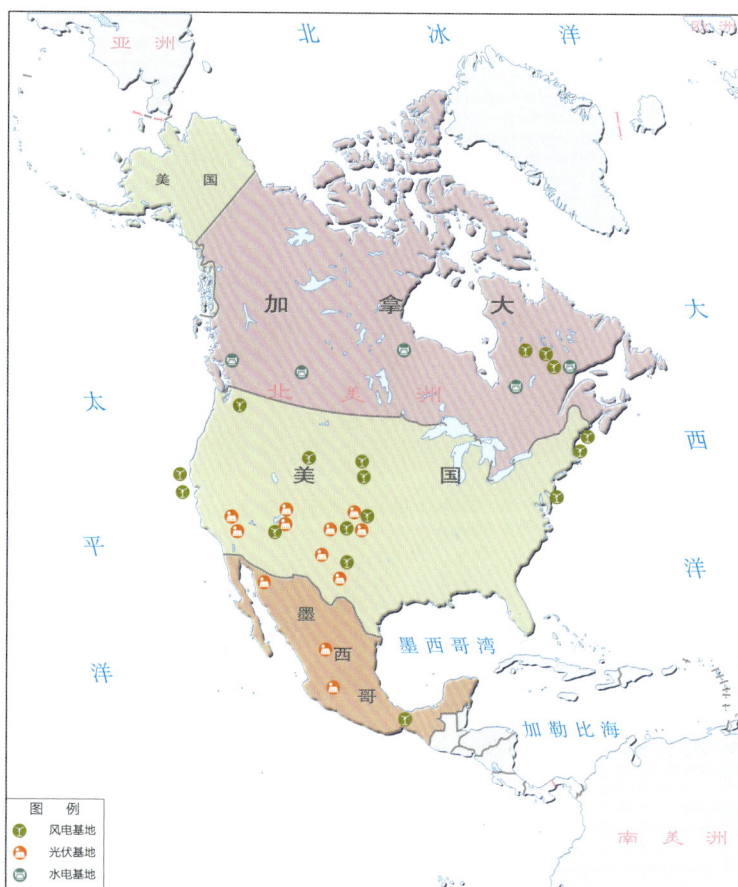

图 4-5 北美洲清洁能源基地分布示意图

专栏 美国分布式电源发展分析

北美洲分布式电源主要集中在美国。1978 年，美国颁布《公共事业监督政策法案》，明确分布式发电的发电资质；1992 年，颁布《国家能源政策法案》，允许分布式发电公司参与能源市场竞争；2001 年，颁布《关于分布式发电与电力系统互联的标准草案》，允许分布式发电系统并网运行和向电网侧售电，采用"净电表计量"方法和并网电价补贴。美国分布式电源主要是分布式光伏，2017 年，美国分布式光伏装机容量约 2600 万千瓦，主要为政府、学校、商业、居民供电❶。

---

❶ 数据来源：美国能源信息署。

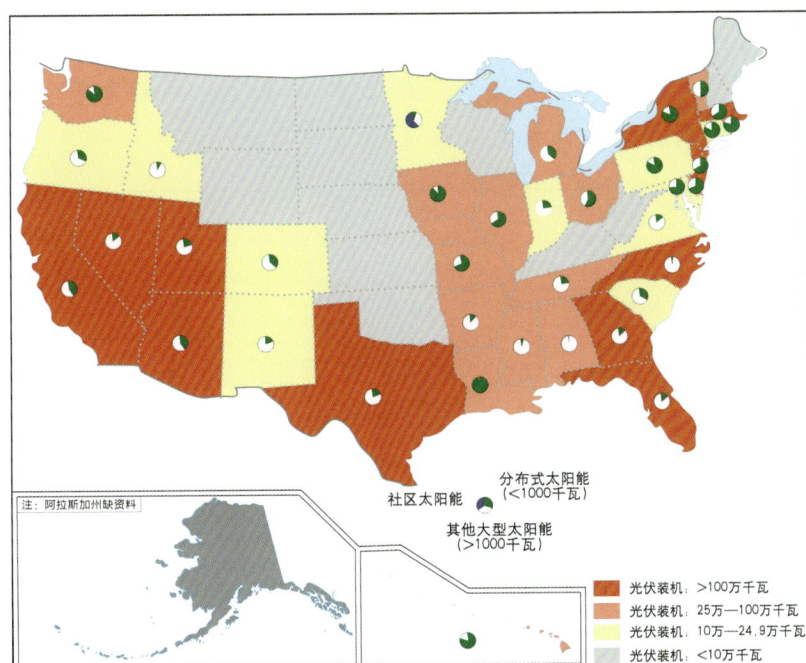

图 1　美国各州分布式光伏占太阳能总装机比重

　　受减税补贴等政策刺激，美国部分地区分布式光伏发展迅猛，对电网安全稳定运行提出了更高的要求。以加州为例，2018 年可再生能源装机总量超过 3000 万千瓦，装机比重达到 34%，主要为分布式光伏发电。由于分布式光伏的日间集中出力，导致网供负荷曲线呈"鸭子型"，如图 2 所示。分布式光伏发展对电网安全稳定运行产生影响。美国和加拿大目前以分布式电源渗透率❶指标对分布式电源进行管理。相关研究结果显示，渗透率小于 15% 时基本不会对电网运行造成影响❷。未来随着储能等技术快速发展，渗透率可进一步提升至 15% ~ 20%。

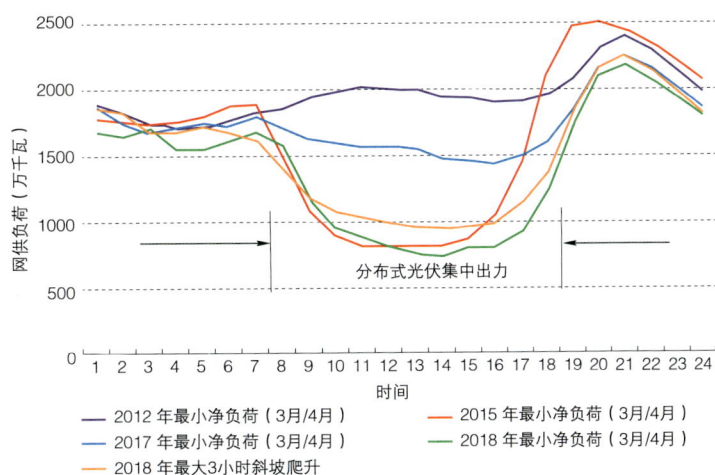

图 2　加州电网网供负荷示意图

---

❶　渗透率 = 分布式电源装机 / 最大负荷。
❷　资料来源：国网能源研究院有限公司等，分布式电源发展规划及对电网发展的影响研究，2014。

预计到 2050 年，美国电网最大负荷 13.1 亿千瓦，考虑分布式电源渗透率达到 20%，分布式电源规模约为 2.6 亿千瓦，占总装机容量 9%。其中，东部电网分布式电源装机容量约 2 亿千瓦，西部电网分布式电源装机容量 6000 万千瓦。

4.2.1 水电基地

北美洲未来主要集中开发加拿大水电资源，到 2050 年优先建设加拿大西部、哈德孙湾西部和拉布拉多高原 3 个水电基地，在满足水电外送的同时利用水电调节特性，与本地风电联合送至南部美国负荷中心，实现互补互济高效运行。预计到 2035 年水电装机容量达到 9770 万千瓦，加拿大水电资源开发比例达 42%；到 2050 年水电装机容量达到约 1.2 亿千瓦，开发比例达到 54%，北美洲水电资源总体开发比例达到 70%。水电基地分布如图 4-6 所示，装机方案见表 4-3。

美国现有水电装机主要分布于西北太平洋地区和中东部五大湖及瀑布地区 ❶。美国计划到 2050 年通过对现有水坝进行改造增加 1300 万千瓦装机容量，同时抽水蓄能电站装机容量达到 3600 万千瓦 ❷。

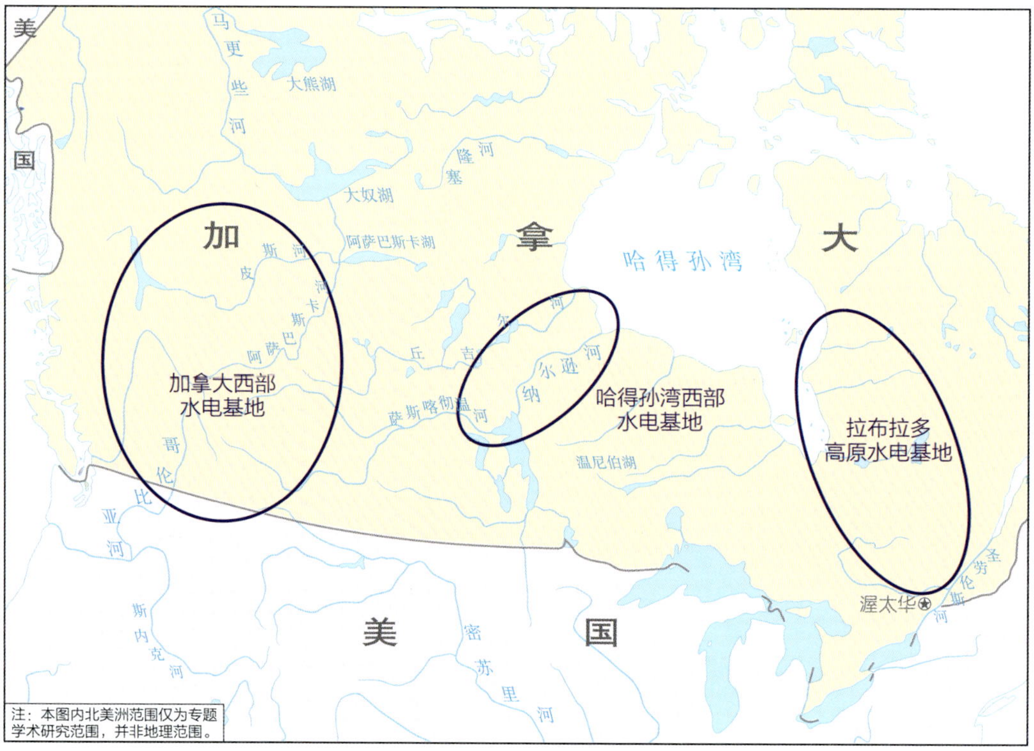

图 4-6　北美洲水电基地布局示意图

---

❶　据美国国家水坝清单统计，在美国现有超过 15 米的 6400 多座水坝中（总共约 9 万座），仅有约 33% 安装有发电设备（2114 座）。
❷　资料来源：世界能源理事会，世界能源资源：2013 调研。

表 4-3　北美洲水电基地装机情况

基地名称	所在地区	已建成装机容量（万千瓦）	开发比例（%）	2035年装机容量（万千瓦）	2050年装机容量（万千瓦）	所含河流
加拿大西部水电基地	不列颠哥伦比亚省	1380	30	2670	3370	阿萨巴斯卡河、萨斯喀彻温河、弗雷泽河、皮斯河
	阿尔伯塔省	90	7			
哈德孙湾西部水电基地	曼尼托巴省	500	35	1000	1100	纳尔逊河、丘吉尔河
拉布拉多高原水电基地	魁北克省	4500	47	6100	7300	圣劳伦斯河北部支流以及流入詹姆斯湾的众多河流
	合计	6470		9770	11770	—

专栏　曼尼托巴水电基地库容效益分析

　　温尼伯湖位于加拿大曼尼托巴省，面积约 2.5 万平方千米，是加拿大南部最大的湖，形成天然的巨型水库，具有提供远端系统备用效益的潜力。目前，曼尼托巴水电与电力公司在温尼伯湖已建有大急流水电（48 万千瓦），湖区及其流域总装机容量约 523 万千瓦，除为本地居民供电，富裕电力与曼尼托巴省其他水电汇集后通过 500 千伏交流线路送至毗邻的美国五大湖地区明尼苏达州。

　　2050 年，美国电源装机风电、太阳能装机占比分别为 32%、36%，需要通过多能互补、储能和系统备用等方式来满足日、季调峰需求。风电较太阳能发电日出力相对平稳，季节特性较强，通过加拿大湖泊的库容储能效益，形成远端系统备用，可进一步平抑风电基地季节性波动。

　　美国明尼苏达州风资源较好，考虑通过 1 回 ±800 千伏直流互联曼尼托巴省水电基地和明尼苏达州，利用温尼伯湖水电和湖区库容对明尼苏达州风电进行季节性调节，降低风电出力波动性。

　　经初步计算，通过直流互联，发挥远端湖泊库容系统备用效益，可有效调节约 2500 万千瓦风电装机的季节性波动（平均出力系数按 0.4 考虑），供电出力波动由 82% 降至 27%。

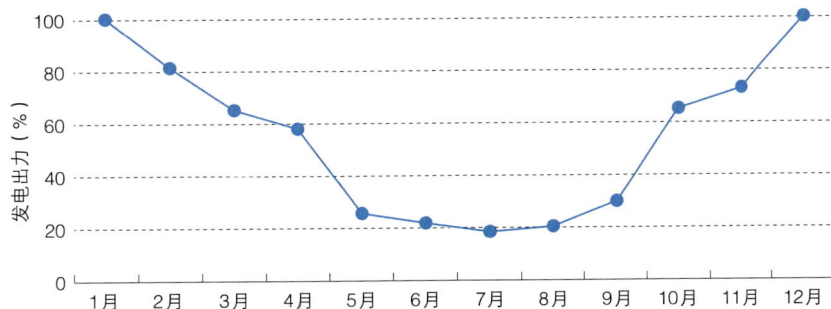

图 1　美国风电季节特性示意图

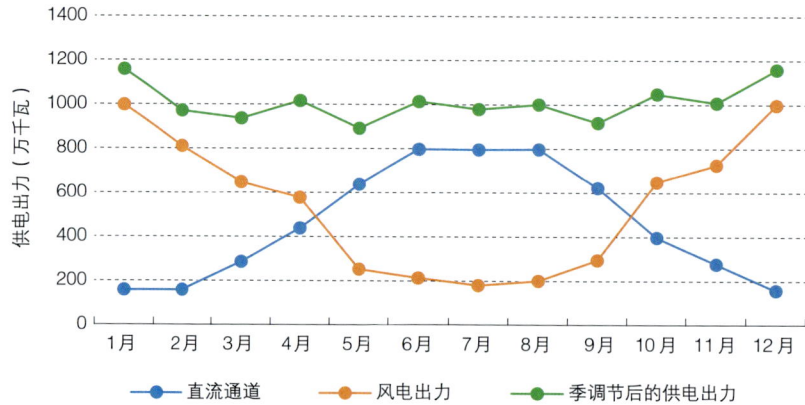

图2 调节后的风电年出力曲线示意图

4.2.2 风电基地

根据北美风能资源和开发条件，优先**开发 16 个大型风电基地，分别位于美国中部、加拿大东部、墨西哥南部和美国东西海岸沿海地区**，预计 2035、2050 年大型风电基地开发规模分别达到 1.5 亿千瓦和 3.2 亿千瓦。预计到 2035 年北美洲风能年发电量增加至 1.4 万亿千瓦时，北美洲风能资源总体开发程度达到 2.3%；到 2050 年风能年发电量达到 2.2 万亿千瓦时，开发程度达到 3.5%。

美国中部风电基地：优先在南达科他州等地区的戈壁、丘陵地带建设大型风电基地，2035 年装机容量为 6700 万千瓦，2050 年装机容量达 1.5 亿千瓦。风电基地分布如图 4-7 所示，装机方案见表 4-4。

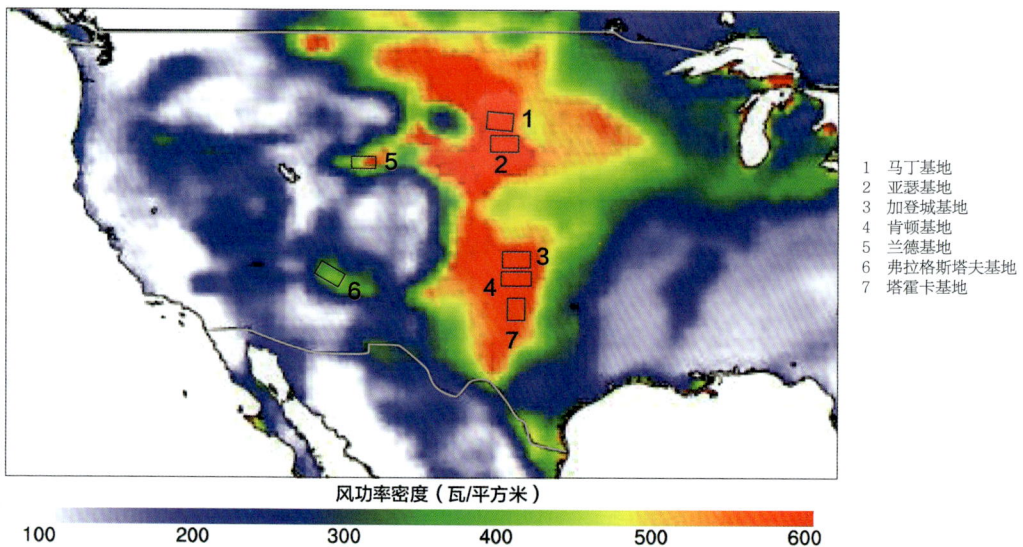

图 4-7 美国中部风电基地分布示意图

表4-4 美国中部风电基地装机情况

序号	基地选址	地区	面积（万平方千米）	技术可开发装机容量（万千瓦）	2035年装机容量（万千瓦）	2050年装机容量（万千瓦）
1	马丁	南达科他州	1.4	14000	1800	1800
2	亚瑟	内布拉斯加州	1.5	15000	1800	1800
3	加登城	堪萨斯州	0.8	8000	1800	1800
4	肯顿	俄克拉荷马州	1	10000	0	3200
5	兰德	怀俄明州	1.3	13000	0	4000
6	弗拉格斯塔夫	亚利桑那州	0.5	5000	400	800
7	塔霍卡	得克萨斯州	1.4	14000	900	1800
	合计		7.9	79000	6700	15200

魁北克省风电基地： 优先在拉布拉多高原建设大型风电基地，2035年装机容量为2600万千瓦，2050年装机容量达4900万千瓦。风电基地分布如图4-8所示，装机方案见表4-5。

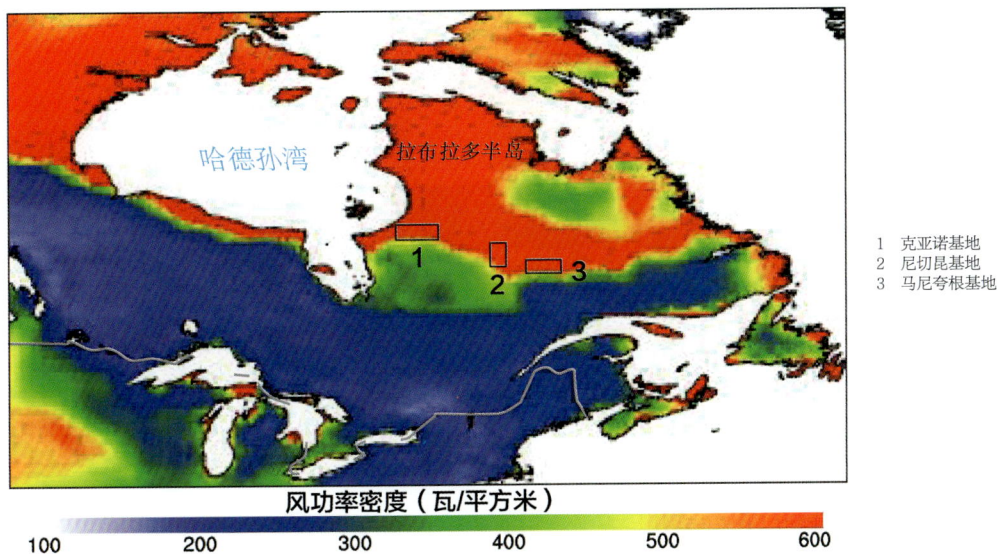

图4-8 魁北克省风电基地布局示意图

表 4-5　魁北克省风电基地装机情况

序号	基地选址	面积（万平方千米）	技术可开发装机容量（万千瓦）	2035 年装机容量（万千瓦）	2050 年装机容量（万千瓦）
1	克亚诺	1.3	13000	1000	1700
2	尼切昆	1.2	12000	800	1600
3	马尼夸根	1.2	12000	800	1600
	合计	3.7	37000	2600	4900

北美洲海上风电基地：综合考虑资源特性、开发条件和成本，优先在美国西部加州北部及俄勒冈州沿海、东部缅因州到新泽西州沿海地区建设大型海上风电基地，2035、2050 年装机容量分别达到 4500 万、1 亿千瓦。风电基地分布如图 4-9 所示，装机方案见表 4-6。

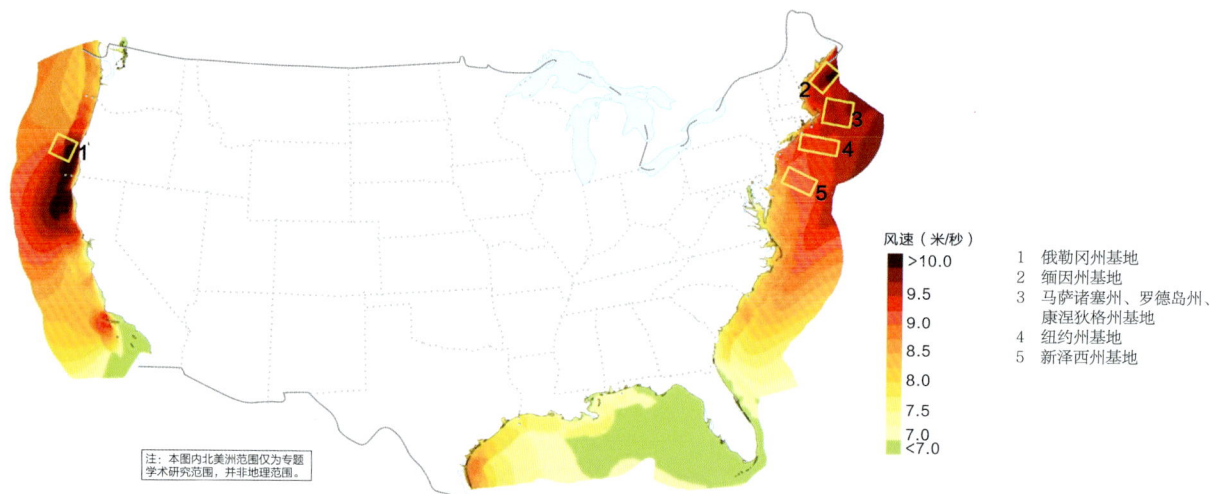

图 4-9　北美洲海上风电基地分布示意图

表 4-6　北美洲海上风电基地装机情况

序号	基地选址	面积（万平方千米）	技术可开发装机容量（万千瓦）	2035 年装机容量（万千瓦）	2050 年装机容量（万千瓦）
1	俄勒冈州	0.5	5000	500	1000
2	缅因州	0.3	3000	0	500
3	马萨诸塞州、罗德岛州、康涅狄格州	0.5	5000	1000	3000
4	纽约州	0.5	5000	1500	3000
5	新泽西州	0.3	3000	1500	2500
	合计	2.1	21000	4500	10000

墨西哥南部风电基地：墨西哥南部瓦哈卡省风能资源丰富，已建成风电装机容量 230 万千瓦。综合考虑瓦哈卡省资源特性、开发条件和成本，进一步扩大风电基地规模，2035 年装机容量达到 1000 万千瓦，2050 年达到 2000 万千瓦。

4.2.3 太阳能基地

综合考虑资源特性、开发条件和成本，**在北美洲优先开发 12 个太阳能发电基地。其中 9 个位于美国中南部、西南部各州，3 个位于墨西哥中部、北部地区**，2035 年总装机容量达到约 1.1 亿千瓦，2050 年达到约 2.1 亿千瓦。

美国中南部太阳能基地：优先在堪萨斯州等地区建设大型太阳能基地，2035 年装机容量为 7500 万千瓦，2050 年装机容量达 1.3 亿千瓦。

美国西南部太阳能基地：优先在亚利桑那州等地区建设大型太阳能基地，2035 年装机容量为 1600 万千瓦，2050 年装机容量达 4700 万千瓦。美国中南部、西南部太阳能基地分布如图 4-10 所示，装机方案见表 4-7。

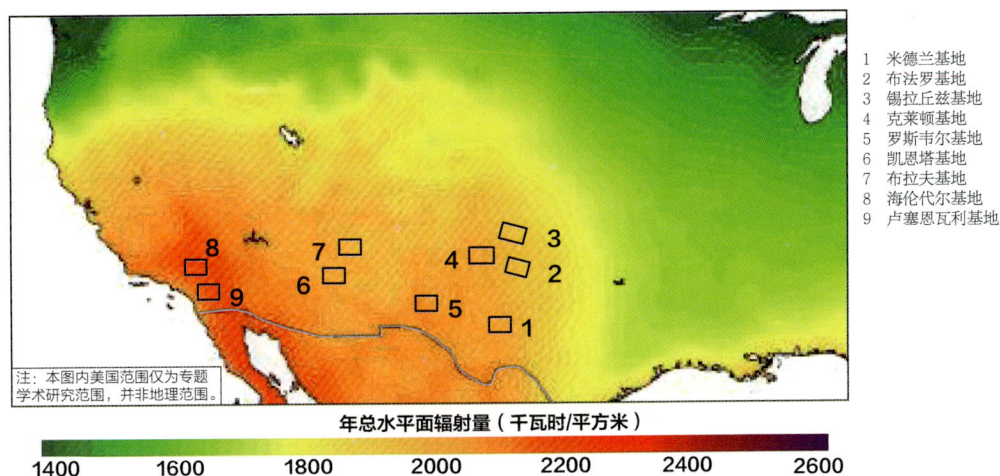

图 4-10 美国太阳能基地分布示意图

表 4-7 美国太阳能基地装机情况

序号	基地选址	地区	面积（万平方千米）	技术可开发装机容量（万千瓦）	2035 年装机容量（万千瓦）	2050 年装机容量（万千瓦）
1	米德兰	得克萨斯州	1.5	15000	1000	2200
2	布法罗	俄克拉荷马州	1	10000	4000	4000
3	锡拉丘兹	堪萨斯州	1.2	12000	2000	4000
4	克莱顿	新墨西哥州	1.2	12000	0	2000
5	罗斯韦尔	新墨西哥州	0.5	5000	500	800
	美国中南部合计		5.4	54000	7500	13000

序号	基地选址	地区	面积 （万平方千米）	技术可开发 装机容量 （万千瓦）	2035年 装机容量 （万千瓦）	2050年 装机容量 （万千瓦）
6	凯恩塔	亚利桑那州	1.3	13000	0	1600
7	布拉夫	犹他州	0.5	5000	400	900
8	海伦代尔	加利福尼亚州	0.8	8000	600	1200
9	卢塞恩瓦利	加利福尼亚州	0.7	7000	600	1000
	美国西南部合计		3.3	33000	1600	4700
	美国合计		8.7	87000	9100	17700

墨西哥太阳能基地：优先在米却肯省、萨卡特卡斯省、索诺拉省开发大型太阳能基地，2035年装机容量达到1400万千瓦，2050年装机规模达到3700万千瓦。太阳能基地分布如图4-11所示，装机方案见表4-8。

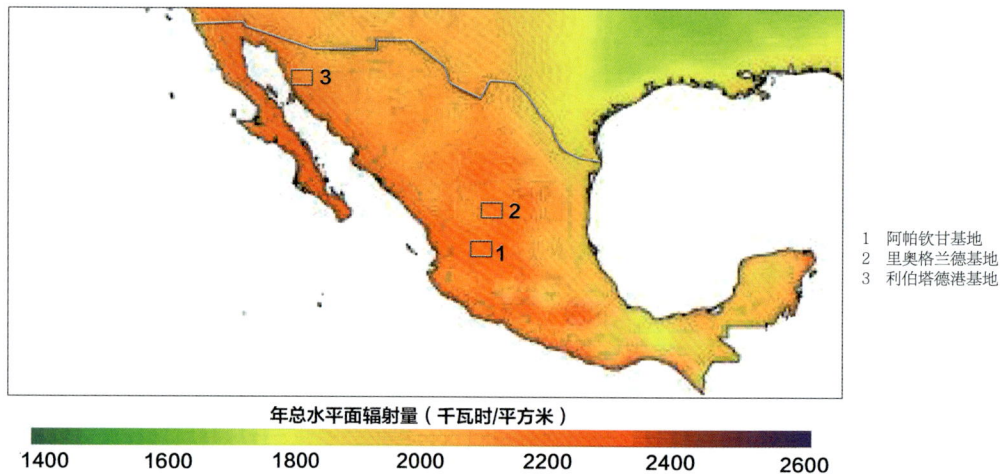

1　阿帕钦甘基地
2　里奥格兰德基地
3　利伯塔德港基地

年总水平面辐射量（千瓦时/平方米）

1400　1600　1800　2000　2200　2400　2600

图4-11　墨西哥太阳能基地分布示意图

表4-8　墨西哥太阳能基地装机情况

序号	基地选址	地区	面积 （万平方千米）	技术可开发 装机容量 （万千瓦）	2035年 装机容量 （万千瓦）	2050年 装机容量 （万千瓦）
1	阿帕钦甘	米却肯省	0.6	6000	400	1000
2	里奥格兰德	萨卡特卡斯省	0.8	8000	400	1200
3	利伯塔德港	索诺拉省	0.9	9000	600	1500
	墨西哥合计		2.3	23000	1400	3700

5
电网互联

根据北美洲清洁能源资源禀赋和空间分布，参考各国能源电力发展规划，统筹清洁能源与电网发展，加快各国电网升级；依托特高压交直流等先进输电技术，加强跨洲跨国跨区电网互联，形成覆盖清洁能源基地和负荷中心的坚强网架，全面提升电网的资源配置能力，支撑清洁能源大规模、远距离输送以及大范围消纳和互补互济，保障电力可靠供应，满足北美洲各国经济社会可持续发展的电力需求。

5.1　电力流

统筹资源禀赋和电力需求分布，北美洲各区域的定位是：美国东部、西部和五大湖地区是主要电力负荷中心。北美洲北部加拿大水电、中部美国风电和太阳能发电资源十分丰富，是主要的清洁能源外送基地。墨西哥发挥太阳能资源优势，满足自身工业化发展用电需求，与美国西部水电互补互济，也是北美洲连接中南美洲的重要电力枢纽。北美洲主要负荷中心和清洁能源基地分布如图5-1所示。

图 5-1　北美洲负荷中心与清洁能源基地分布示意图

北美洲电力流总体呈现**"洲内北电南送、中部送电东西、跨洲与中南美洲互济"**格局。

2035 年，形成"北电南送、中部送电东西"的电力流格局，北美洲跨国跨区电力流规模约1亿千瓦。

跨国：加拿大从东中西三个方向送电美国 2900 万千瓦，其中加拿大东部魁北克水电、风电向美国东部输送 1300 万千瓦，满足东海岸城市群及五大湖工业城市用电需求；加拿大中部曼尼巴托省水电向美国五大湖区输送 800 万千瓦；加拿大西部不列颠哥伦比亚省水电向美国加州负荷中心输送 800 万千瓦。

美国国内：中部向东、西部负荷中心送电 6400 万千瓦，中部内布拉斯加、堪萨斯、俄克拉荷马等州风电、太阳能向东北部、东南部负荷中心共输送 4800 万千瓦，科罗拉多州和新墨西哥州的风电、太阳能向西送电加州 1600 万千瓦；西北部华盛顿州水电、风电送电加州 700 万千瓦。2035 年北美洲电力流如图 5-2 所示。

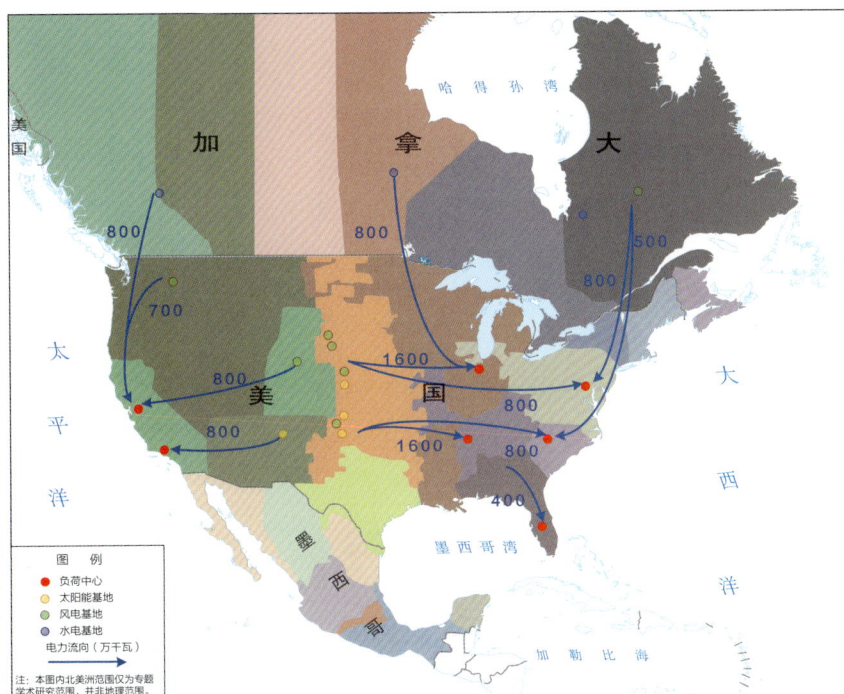

图 5-2 2035 年北美洲跨国跨区电力流示意图

2050 年，北美洲电力流规模进一步加大，跨洲跨国跨区电力流达到 2 亿千瓦，实现北美东、西部电网互供互援、北美与中南美丰枯互济。

跨国：电力流达到 6600 万千瓦。加拿大水电、风电向美国输送规模达到 5400 万千瓦，其中东部魁北克省、西部不列颠哥伦比亚省外送规模分别达到 3000 万千瓦和 1600 万千瓦；中部曼尼巴托省水电南送维持 800 万千瓦；美国和墨西哥实现跨国水光互济，丰水期美国西部富余水电 1000 万千瓦送电墨西哥，枯水期墨西哥太阳能电力送电美国西部 1200 万千瓦。

跨洲：电力交换 1000 万千瓦，主要利用南北半球季节差异，实现北美西部电网太阳能和中南美秘鲁等水电互补互济。

美国国内：电力流规模达到 1.3 亿千瓦，中部风电、太阳能基地电力向东北部负荷中心送电规模达到 4000 万千瓦，向东南部负荷中心送电规模达 3200 万千瓦，向得州送电 2400 万千瓦，向加州负荷中心送电维持 1600 万千瓦；西北部向加州送电规模增长至 1200 万千瓦。2050 年北美洲电力流如图 5-3 所示。

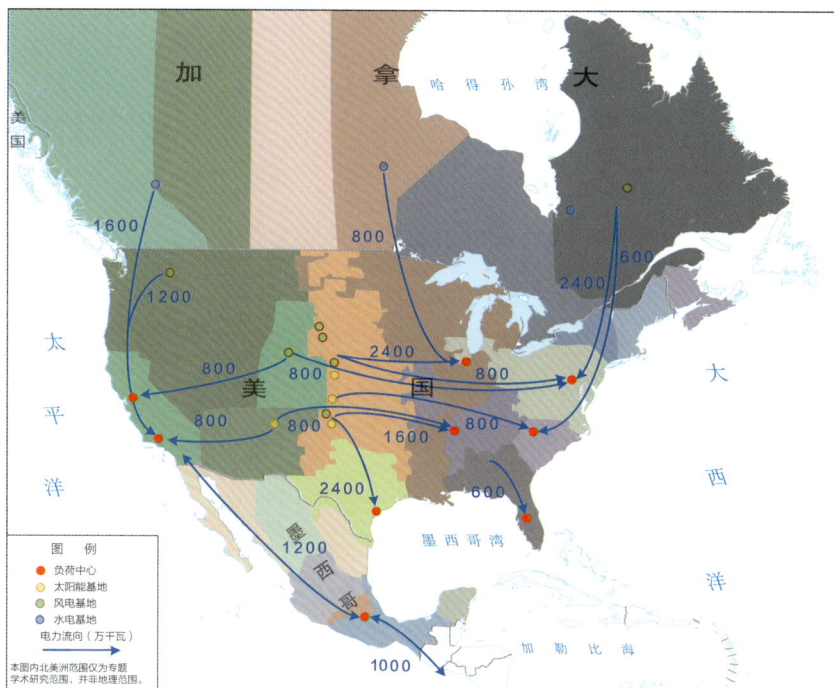

图 5-3　2050 年北美洲跨洲跨国跨区电力流示意图

专栏　北美洲东、西部电网互联效益

北美洲东西海岸距离超过 4000 千米，存在 3 个小时时差。通过东、西部电网互联，充分利用时区差，发挥错峰效益，相对东部、西部电网独立运行，可有效降低全网最大负荷，减少装机和储能设备容量。

根据东部、西部区域输电组织公布的 2018 年负荷中心典型日负荷曲线，东部、西部电网冬季负荷均呈现早晚双高峰模式，夏季由于空调出力，呈现单高峰模式，最大负荷均出现在傍晚（17:00 至 19:00 之间），如图 1 所示。根据初步测算，2050 年，北美东部、西部电网互联条件下，相对于各自独立运行可带来约 1600 万千瓦错峰容量效益。

同时，北美洲资源禀赋和电力流格局决定了东部、西部电网互联通道也可满足中西部大型太阳能、风电基地集中外送需要。东部、西部电网互联可以充分发挥电网的大规模资源配置能力，平抑清洁能源基地出力波动，提升网源利用效率，实现多种能源在更大范围内灵活高效配置。

2016 年美国能源部发起的美国东部、西部电网互联研究（Interconnection Seam Study）❶。研究提出了升级背靠背互联系统、构建特／超高压直流互联通道和构建大直流互

---

❶　Marcelo A.Elizondo 等，泛美国大陆高压直流大电网潮流计算和暂态稳定分析建模（HVDC Macrogrid Modeling for Power-flow and Transient Stability Studies in North American Continental-level Interconnections），2017。

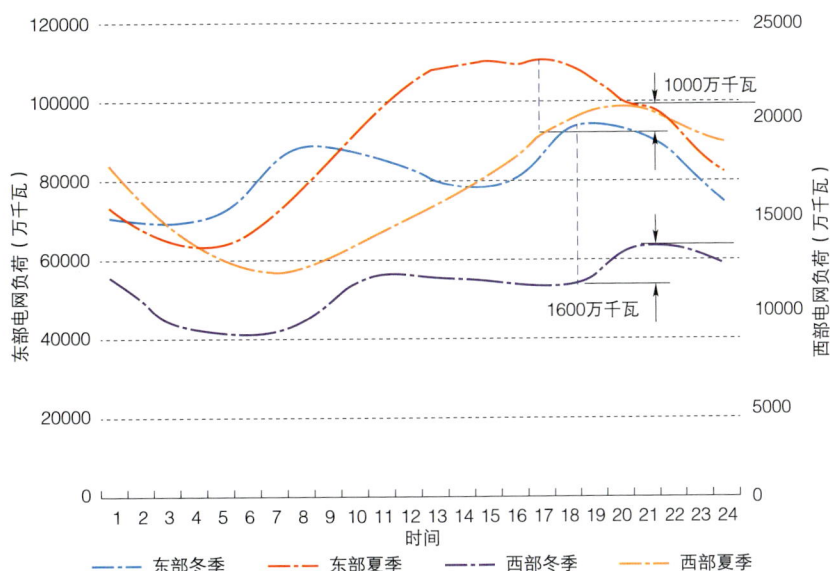

图 1　2050 年东部、西部电网独立运行及联网后典型日负荷曲线示意图

联电网（Macrogrid）等 3 种互联方案。按照系统总成本最小原则，对 3 种不同方案下美国输电网进行优化规划和经济性论证，主要结论如下：

（1）三种互联方案中构建大直流互联电网方案的 20 年年化投资最低，与目前背靠背直流互联方案相比，每年可节省约 40 亿美元。该方案下，2024—2038 年，构建东部、西部大直流互联电网在输电网投资方面需增加约 142 亿美元，但在非输电网投资方面可节省 163 亿美元，投资收益比约 1.15。

（2）东部、西部电网互联，能够实现约 1440 万千瓦负荷互补效益，减少系统备用装机。

（3）通过构建大直流互联电网，可有效改善系统故障时的频率响应特性，减小系统频率波动。大直流互联电网方案示意图如图 2 所示。

图 2　美国大直流互联电网示意图

5.2   电网格局

根据北美洲能源电力发展趋势、清洁能源基地布局和电力流格局，未来北美洲电网发展重点是：加快实现清洁能源基地开发和外送，建设加拿大水电、美国中西部风电太阳能、墨西哥太阳能等大型清洁能源基地送出通道，实现清洁能源与电网协调发展；构建坚强的北美洲能源互联网骨干网架，全面升级现有电网，加强跨国跨洲电网互联，形成覆盖大型清洁能源基地和负荷中心的互联互通网络平台，实现清洁能源的大范围优化配置。

随着电网升级和互联规模不断扩大，**未来北美洲总体形成北美东部电网、北美西部电网和魁北克电网 3 个同步电网**。2050 年北美洲电网互联总体格局如图 5-4 所示。

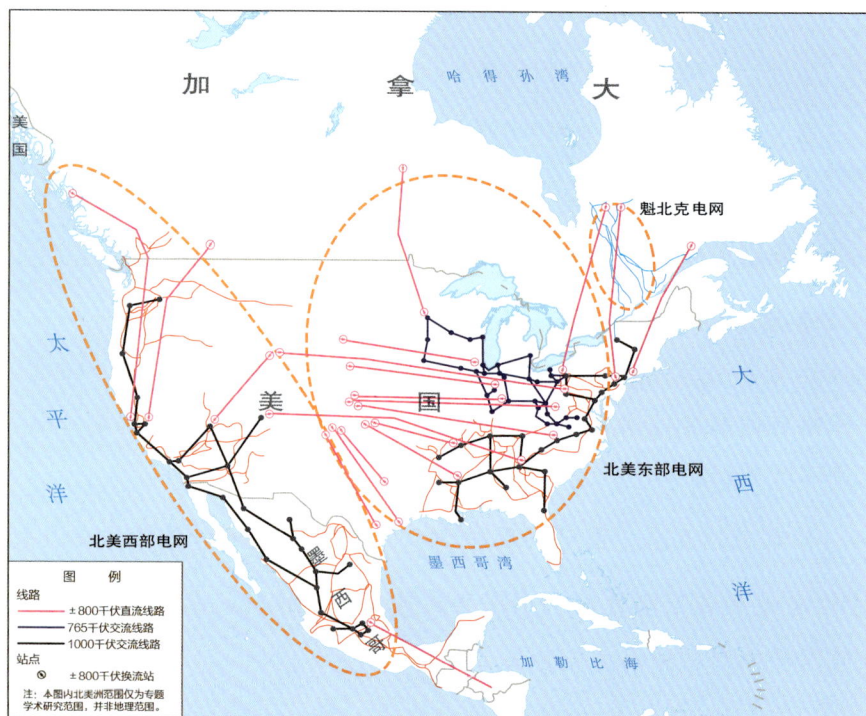

图 5-4   北美洲电网互联总体格局示意图 ❶

北美东部电网： 在现有东部电网格局基础上，通过 500 千伏交流与得州电网交流互联，加强五大湖区 765 千伏主网架，覆盖东海岸和东南部负荷中心形成 1000 千伏骨干网架。2050 年东部电网用电量达到 6.5 万亿千瓦时，最大负荷 11.6 亿千瓦，电源装机容量 25.3 亿千瓦。

北美西部电网： 沿西海岸形成 1000 千伏骨干网架，与墨西哥 1000 千伏网架交流互联，构建覆盖加拿大、美国西部及墨西哥的清洁能源优化配置平台。2050 年西部电网用电量达到 2.1 万亿千瓦时，最大负荷 3.7 亿千瓦，电源装机容量 9.3 亿千瓦。

---

❶ 本报告各图中所有输电线路的落点及路径均为示意性展示，不严格代表具体地理位置。

魁北克电网:维持与北美东部电网异步互联,建设魁北克水电、风电外送 ±800 千伏直流输电通道,提高向北美东部电网送电能力。2050 年魁北克电网用电量达到 3000 亿千瓦时,最大负荷 5300 万千瓦,电源装机容量 1.7 亿千瓦。

跨洲:建设墨西哥墨西哥城—秘鲁特鲁希略 ±800 千伏直流互联通道,实现太阳能与水电的跨季节互补互济。

2035 年,北美能源互联网格局基本形成,建设清洁能源外送特高压输电通道,全面升级现有电网,东部、西部及墨西哥交流电网最高电压等级提升至 1000 千伏,魁北克电网直流电压等级提升至 ±800 千伏。

北美东部电网:加强五大湖区 765 千伏主网架,东北部及东南部电网初步形成 1000 千伏骨干网架,得州形成 500 千伏交流主网架,加拿大东中部及美国中部清洁能源基地多回特高压直流通道接入 1000/765 千伏主网架。

北美西部电网:建成贯穿南北的 1000 千伏交流通道,汇集北部风电、水电向南部负荷中心输送,通过特高压直流受入加拿大西部水电和美国中部太阳能及风电。

墨西哥:建设 1000 千伏交流输电通道,连接太阳能基地,向首都和主要城市送电。

魁北克电网:加强 735/345 千伏主网架,建设至美国东部电网 ±800 千伏直流通道,实现水电、风电联合送出。2035 年北美洲电网互联如图 5-5 所示。

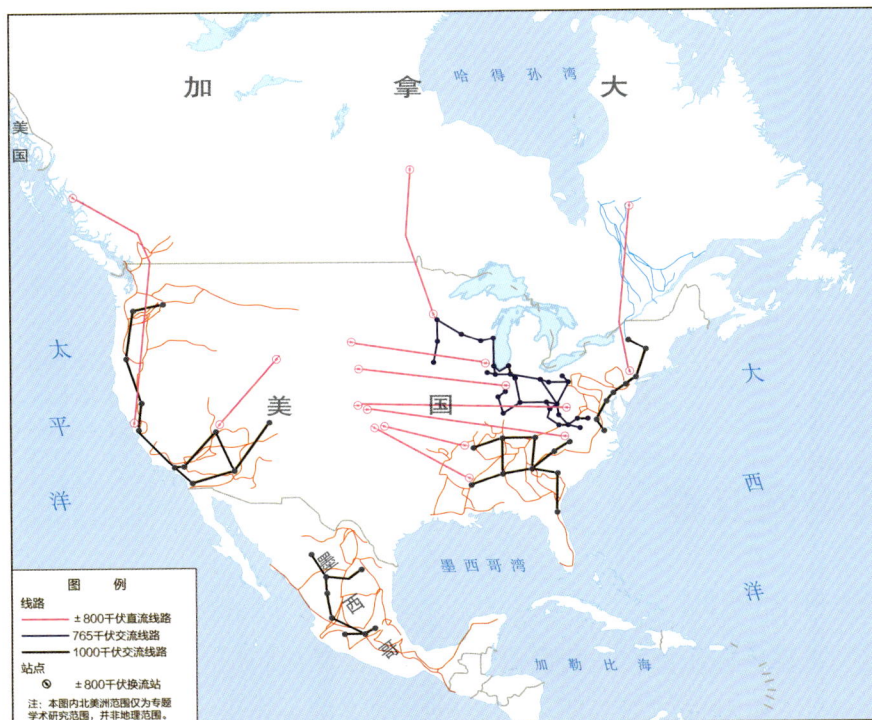

图 5-5　2035 年北美洲电网互联示意图

2050 年，全面建成北美洲能源互联网，建成东西海岸特高压交直流纵向通道和中部、北部横向通道。

纵向通道：东纵，特高压交、直流通道沿东海岸由加拿大魁北克延伸至美国佛罗里达州，汇集加拿大水电、陆上和海上风电，承接中部大型清洁能源基地电力。通过 500 千伏与得州交流互联，形成坚强北美东部同步电网。**西纵**，沿西海岸形成特高压交直流混合输电骨干通道，1000 千伏交流电网向南延伸与墨西哥交流互联，形成水风光优化配置平台。

横向通道：南横，美国国内向东建成中部向东北部、东南部和得州负荷中心输电通道，向西建成中部向加州负荷中心输电通道。**北横**，逐步建成连接加拿大西部、中部和魁北克的横向互联通道，实现加拿大风电、水电的互补互济，远期承接北极风电。

跨洲，建设墨西哥墨西哥城—秘鲁特鲁希略 ±800 千伏直流输电通道。2050 年北美洲电网互联如图 5-6 所示。

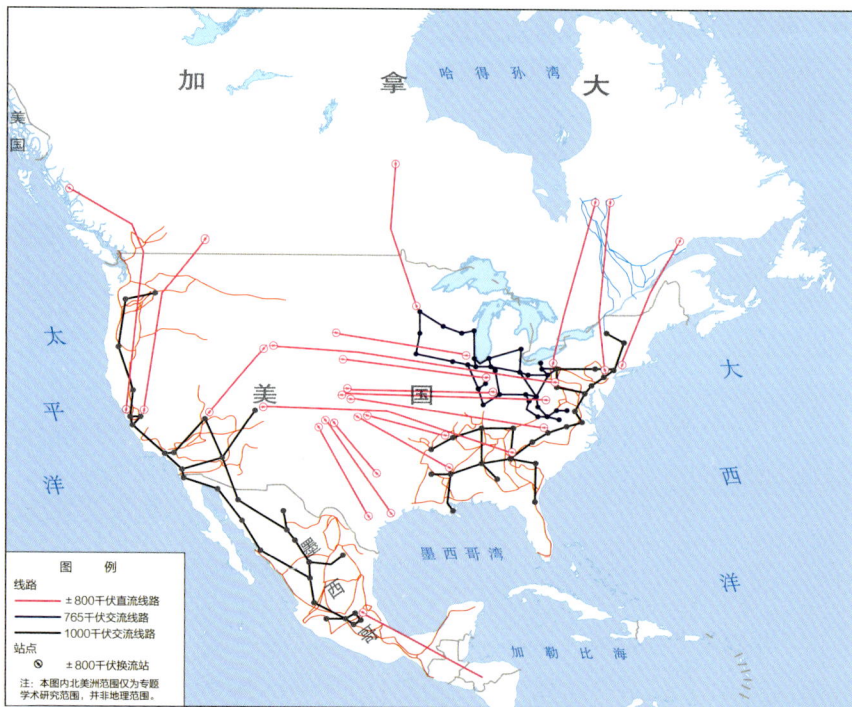

图 5-6　2050 年北美洲电网互联示意图

5.3　区域电网互联

5.3.1　北美东部电网

北美东部电网覆盖美国东部、美国得州及加拿大东部（除魁北克省），涵盖了全北美经济、政治、文化、贸易中心和传统工业基地。2017 年美国东部电网最大负荷 4.9 亿千瓦，美国得州电网最大负荷 6204 万千瓦，分别占美国总负荷的 73% 和 9%，加拿大东部（除魁北克省）电网最大负荷3489万千瓦,占加拿大总负荷的37%●。目前,美国东部同步电网以765千伏和500千伏为主网架,已形成多环网结构。其中,美国五大湖南岸地区电网为765千伏、得州电网为345千伏、其余地区及加拿大东部电网为500千伏。

北美东部能源消费以煤炭为主,碳排放问题突出,需加快跨区受入清洁能源电力,满足未来经济社会发展所需电力。**未来北美东部电网发展重点是:全面升级现有电网,形成1000/765千伏主网架,大幅提升电网输电能力和供电可靠性,承接跨区大规模受电,满足东部沿海城市、五大湖工业区和南部负荷中心用电需求。**

2035年,交流主网架建设: 美国国内五大湖765千伏环网加强为双环,进一步向西北方向延伸至明尼阿波利斯等城市,保障五大湖周边各大工业城市电力供应。沿东海岸建设双回1000千伏交流输电通道,由北部马西承接魁北克清洁电力,南下依次输送至纽瓦克、费城、华盛顿、诺福克等城市。东南部以亚特兰大为核心建设1000千伏交流骨干网架,向西通过两条通道分别延伸至孟菲斯和杰克逊,向南经奥古斯塔连接佛罗里达州杰克逊维尔,向东北延伸至夏洛特,提升各大城市输电网通流能力。建设得州500千伏交流网架,输送得州西部太阳能风电基地电力至东部负荷中心。2035年美国五大湖区765千伏主网架、美国东部1000千伏主网架分别如图5-7、图5-8所示。

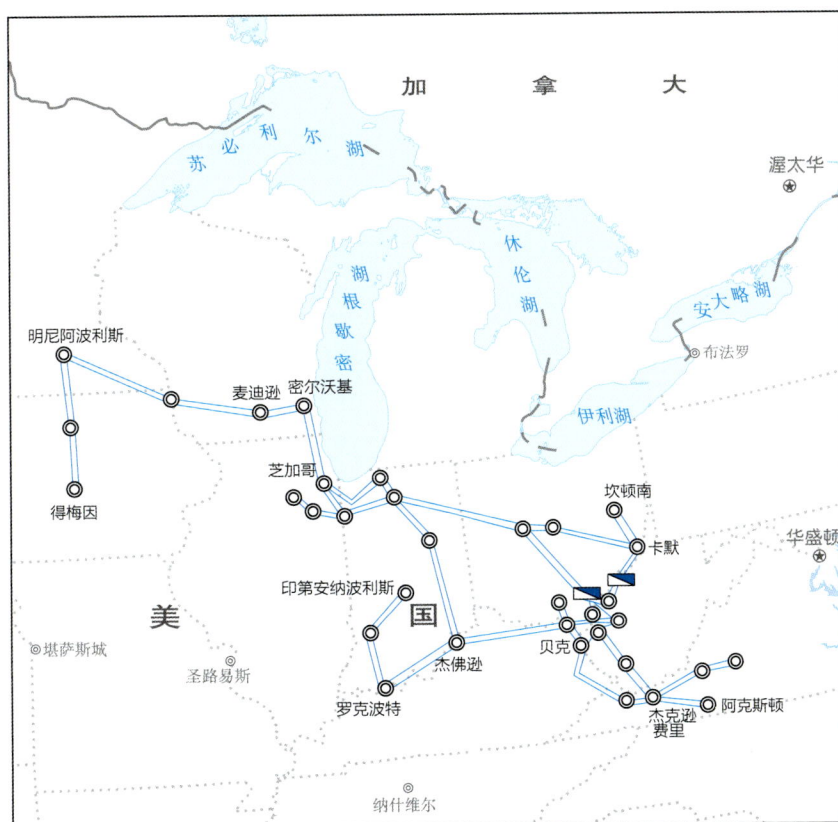

图 5-7　2035年美国五大湖区765千伏主网架示意图

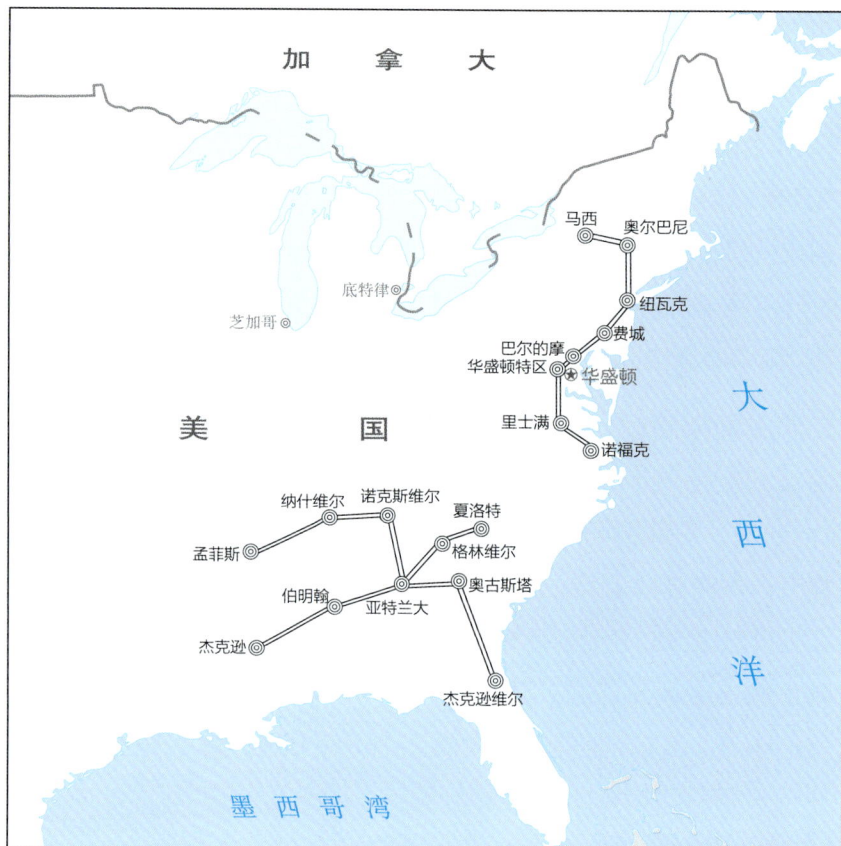

图 5-8　2035 年美国东部 1000 千伏主网架示意图

清洁能源外送通道：大规模开发美国中部风电、太阳能发电基地，建设 6 回 ±800 千伏直流，送电总规模 4800 万千瓦。其中 3 回直流分别起始于马丁、亚瑟风电基地和锡拉丘兹太阳能基地，落点芝加哥、印第安纳波利斯和查尔斯顿，在落点消纳部分电力后沿 765 千伏交流网架辐射周边城市。另 3 回直流分别起始于加登城风电基地和布法罗太阳能基地，送电至东南部夏洛特、孟菲斯和杰克逊，通过 1000 千伏交流通道供应沿线城市。

跨国电网互联：建设加拿大尼切昆—美国费城、加拿大汤普森—美国明尼阿波利斯 2 回 ±800 千伏直流，输送加拿大清洁电力 1600 万千瓦，分别通过东海岸 1000 千伏交流输电通道和 765 千伏电网为沿线城市供电。

2050 年，交流主网架建设：美国 765 千伏交流电网向北延伸至底特律和克利夫兰，形成北部环网，全面提升电网输电和相互支援能力。东海岸 1000 千伏交流输电通道向内陆延伸，连接哈里斯堡、匹兹堡等，形成东北部 1000 千伏交流环网，在匹兹堡与 765 千伏网架交流互联。东南部 1000 千伏交流骨干网架向西扩展至小石城、新奥尔良等地区，向东与东北部 1000 千伏交流网架在罗利互联。扩建得州 500 千伏交流环网，与东南部电网同步互联。2050 年美国五大湖区 765 千伏主网架、美国东部 1000 千伏主网架分别如图 5-9、图 5-10 所示。

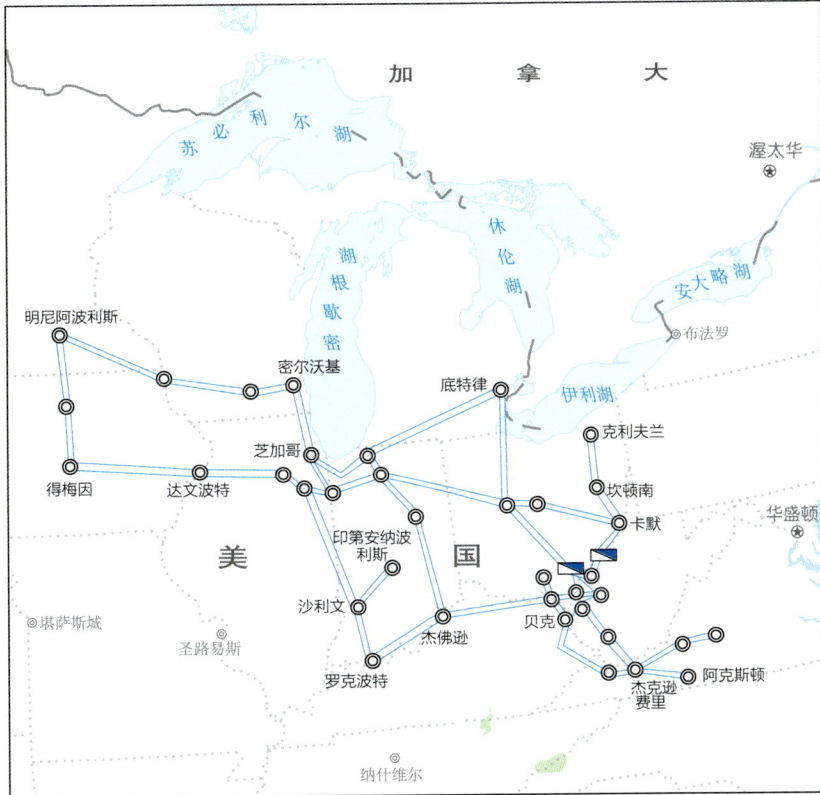

图 5-9　2050 年美国五大湖区 765 千伏主网架示意图

图 5-10　2050 年美国东部 1000 千伏主网架示意图

清洁能源外送通道：进一步开发美国中西部清洁能源基地，新建 6 回国内 ±800 千伏直流，向东送电总规模达到 9600 万千瓦。其中 1 回直流由锡拉丘兹太阳能基地送电 800 万千瓦至东部路易维尔；3 回直流由肯顿风电基地和克莱顿太阳能基地向得州送电，落点分别为达拉斯、圣安东尼奥和休斯敦，供应本地后通过得州 500 千伏电网输送至各大城市；2 回直流由西部兰德风电基地和凯恩塔太阳能基地跨区送电东部摩根墩和亚特兰大，实现东西部电网异步互联。

跨国电网互联：建设加拿大克亚诺—美国匹兹堡、加拿大马尼夸根—美国纽瓦克 2 回 ±800 千伏直流，输送加拿大水电和风电约 1600 万千瓦至美国东部负荷中心。

2035、2050 年北美东部电网互联示意图分别如图 5-11、图 5-12 所示。

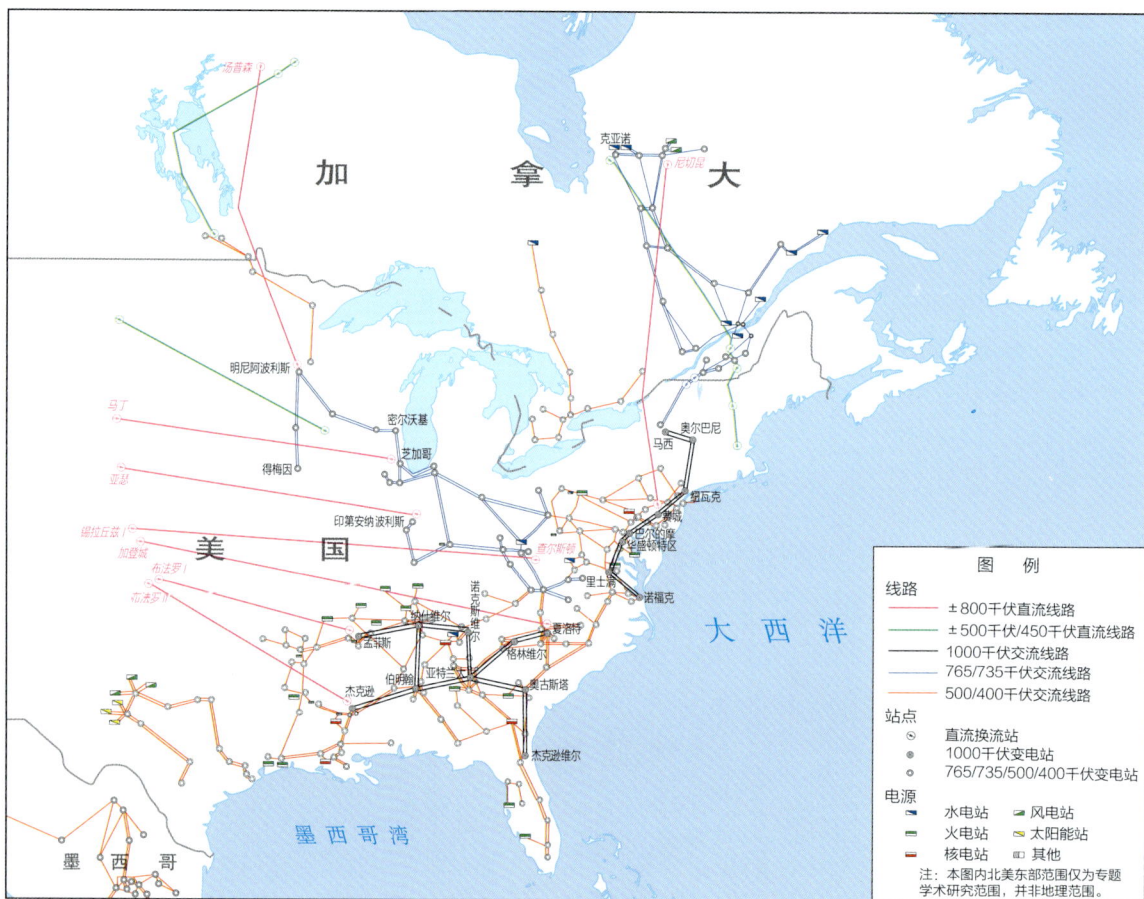

图 5-11　2035 年北美东部电网互联示意图

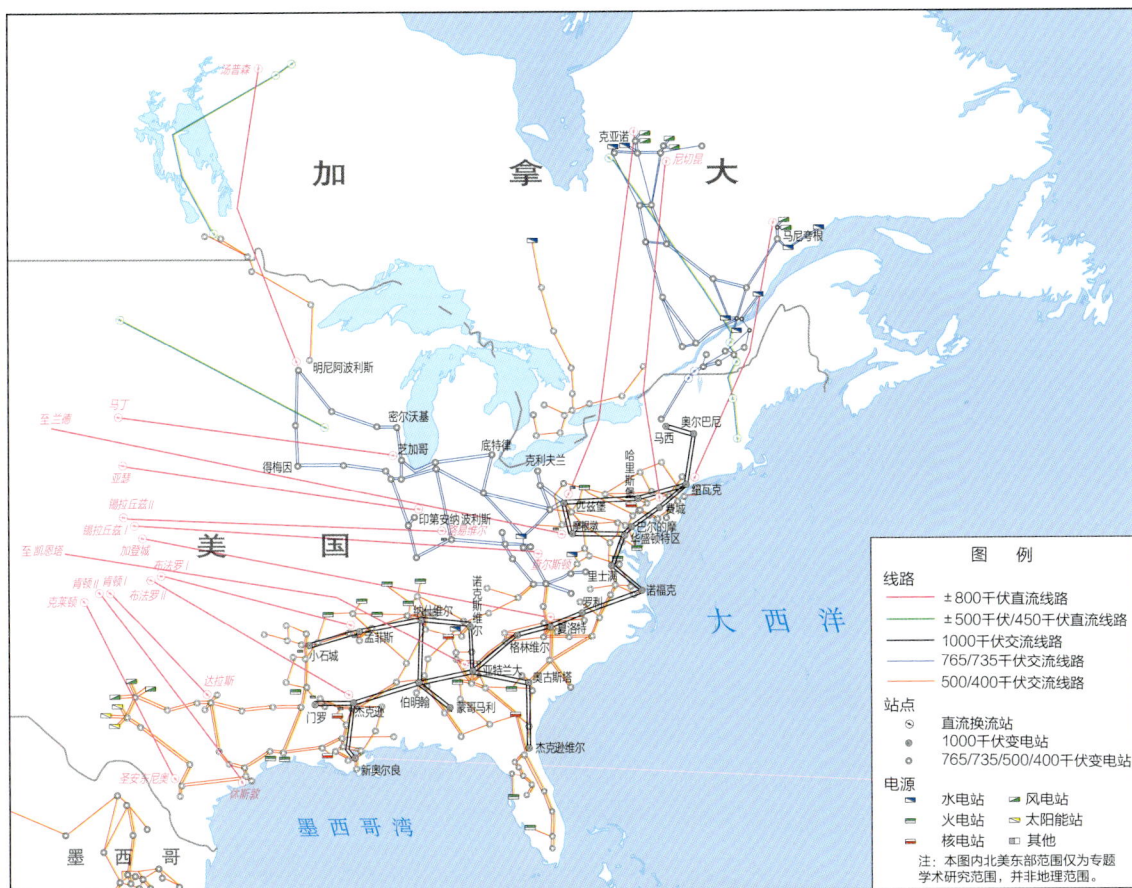

图 5-12　2050 年北美东部电网互联示意图

5.3.2　北美西部电网

　　北美西部电网覆盖美国西部、加拿大西部和墨西哥，其中美国西部和加拿大西部集中了北美洲众多高科技产业，如互联网新兴产业和高端制造业，是北美洲经济增长的重要一极，墨西哥是北美洲重要的新兴经济体。2017 年美国西部电网最大负荷 1.2 亿千瓦，占美国总负荷 18%；加拿大西部电网最大负荷 2376 万千瓦，占加拿大总负荷的 25%；墨西哥电网最大负荷 4224 万千瓦[1]。目前，美国、加拿大西部电网同步运行，形成了沿西海岸长链式 500 千伏交流主网架，墨西哥建设了围绕首都墨西哥城及其他重要城市的多环网 400 千伏主网架，墨西哥北部下加州地区和加州电网形成了 230 千伏交流联络，与墨西哥 400 千伏主网独立运行。

　　北美西部清洁能源资源丰富，目前电网输电能力不足以满足清洁能源基地电力大规模外送及消纳需求，亟需进行电网升级和输电通道建设。**未来北美西部电网发展重点是：建设 1000 千伏交流主网架和清洁能源基地外送通道，大幅提升电网供电能力和供电可靠性，汇集各清洁能源基地电力向美国加州和墨西哥负荷中心输送。通过交直流混合通道实现多种能源的跨国跨洲互补互济，打造清洁能源大范围优化配置平台。**

---

[1]　数据来源：北美电力可靠性协会，长期可靠性评估，2017。

　　2035 年，交流主网架建设： 美国国内沿西海岸建设双回 1000 千伏输电通道，汇集北部华盛顿州、蒙大拿州、俄勒冈州和爱达荷州风电、水电向南输送至加州湾区负荷中心。墨西哥建设 1000 千伏交流网架，连接首都墨西哥城、瓜达拉哈拉、蒙特雷三大负荷中心和里奥格兰德、阿帕钦甘等太阳能基地，提升电网输电能力。2035 年美国西部 1000 千伏主网架、墨西哥 1000 千伏主网架分别如图 5-13、图 5-14 所示。

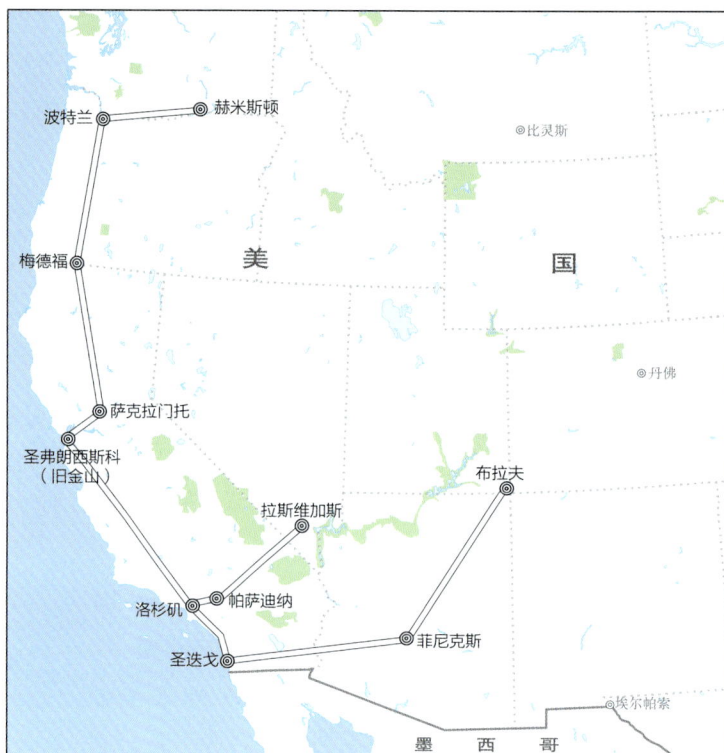

图 5-13　2035 年美国西部 1000 千伏主网架示意图

图 5-14　2035 年墨西哥 1000 千伏主网架示意图

　　清洁能源外送通道： 建设兰德风电基地—拉斯维加斯 ±800 千伏直流工程，输电容量 800

万千瓦。建设犹他州布拉夫太阳能基地 1000 千伏交流外送通道，沿布拉夫—菲尼克斯—圣迭戈线路输送 800 万千瓦电力。

跨国电网互联：建设加拿大特勒斯—美国圣弗朗西斯科（旧金山）±800 千伏直流工程，输电容量 800 万千瓦，将加拿大西部水电风电送至加州湾区负荷中心。

2050 年，交流主网架建设：美国国内加强圣弗朗西斯科（旧金山）、洛杉矶和拉斯维加斯受端电网，建设围绕大湾区的三角形 1000 千伏交流环网，提升电网供电能力。加强 500 千伏电网，汇集俄勒冈州陆上海上风电向南送至圣弗朗西斯科（旧金山），送电规模 400 万千瓦。墨西哥向北扩建 1000 千伏交流主网架，连接阿乌马达、利伯塔德等太阳能基地。扩建墨西哥城受端电网，形成围绕都市区的 1000 千伏交流环网，进一步提升电网供电能力。2050 年美国西部 1000 千伏主网架、墨西哥 1000 千伏主网架分别如图 5-15、图 5-16 所示。

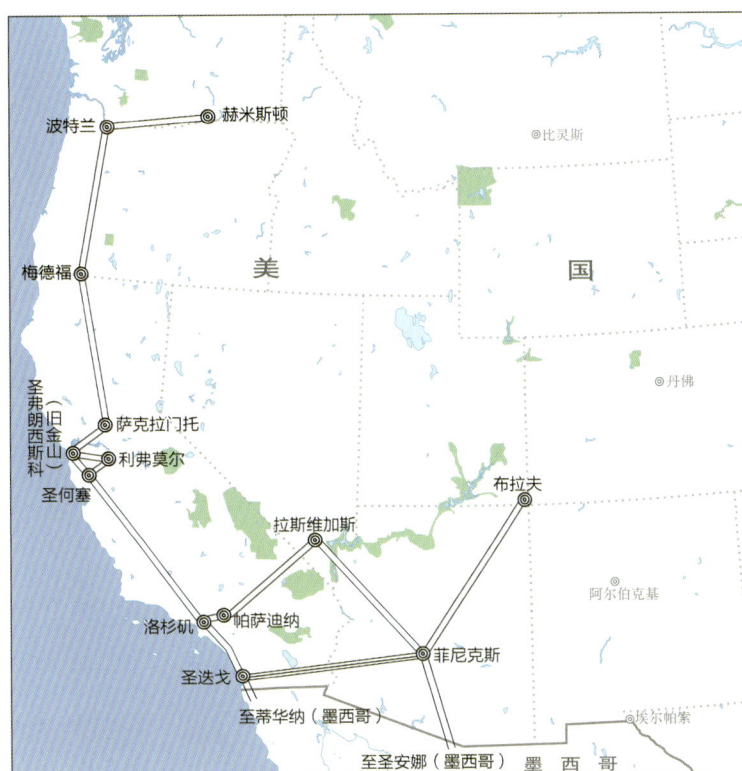

图 5-15　2050 年美国西部 1000 千伏主网架示意图

跨国跨洲电网互联：建设加拿大卡尔加里—美国利弗莫尔 ±800 千伏直流工程，输送加拿大水电和风电基地电力至大湾区负荷中心，送电规模 800 万千瓦。墨西哥 1000 千伏主网架向北与美国西部 1000 千伏交流电网在圣迭戈和菲尼克斯互联，形成两条双回 1000 千伏跨国互联通道，实现美国加拿大水电风电和墨西哥太阳能互补互济，最大送电能力 1200 万千瓦。跨洲建设墨西哥墨西哥城—秘鲁特鲁希略 ±800 千伏直流工程，实现墨西哥太阳能与南美洲水电间的跨季节互补互济，送电规模 800 万千瓦。通过 400 千伏电网与中美洲交换电力 200 万千瓦。

2035、2050 年北美西部电网互联示意图分别如图 5-17、图 5-18 所示。

图 5-16　2050 年墨西哥 1000 千伏主网架示意图

图 5-17　2035 年北美西部电网互联示意图

图 5-18　2050 年北美西部电网互联示意图

5.3.3　魁北克电网

魁北克是加拿大面积第一大省，魁北克电网与北美东部电网通过背靠背直流异步互联。2018 年用电量 2310 亿千瓦时，占加拿大用电总量的 43%，最大负荷约 3830 万千瓦❶。目前，魁北克电网以 735 千伏为主网架，建成了世界首条 ±450 千伏多端直流，将魁北克北部水电至南部负荷中心，并进一步跨国输送至美国东北部地区。

魁北克水能、风能资源丰富，具备开发大型清洁能源基地的优势。魁北克电网最大负荷出现在冬季，夏季丰水期存在弃水问题，需进一步加强本地电网，并建设电力外送通道，实现大规模清洁电力外送消纳。**未来魁北克电网发展重点是：**加强 735/345 千伏电网，提升电

❶ 数据来源：魁北克水电及电力公司，魁北克水电年度报告，2018。

网供电能力和供电可靠性，大力开发清洁能源基地，建设跨国输电通道，实现水电、风电大规模外送。

2035 年，交流主网架建设： 加强南部与东部水电外送 735 千伏线路至双回，提升水电外送能力。开发北部尼切昆风电基地，由 735 千伏交流线路与周边水电基地互联，汇集北部清洁能源电力。

清洁能源跨国外送通道： 建设加拿大尼切昆—美国费城 ±800 千伏跨国直流送出工程，将水电、风电联合输送至费城消纳，送电规模 800 万千瓦。

2035 年魁北克电网互联示意图如图 5-19 所示。

图 5-19　2035 年魁北克电网互联示意图

2050 年，交流主网架建设： 全面加强 735 千伏主网架，开发北部克亚诺风电基地、东部马尼夸根水电风电基地，建设 735 千伏交流线路互联各基地，满足清洁电力汇集送出需要。

清洁能源跨国外送通道： 建设加拿大克亚诺—美国匹兹堡、加拿大马尼夸根—美国纽瓦克 2 回 ±800 千伏跨国直流送出线路，实现水电、风电联合外送，送电总规模 1600 万千瓦，在受端通过 765 千伏、1000 千伏电网疏散电力。2050 年魁北克电网互联示意图如图 5-20 所示。

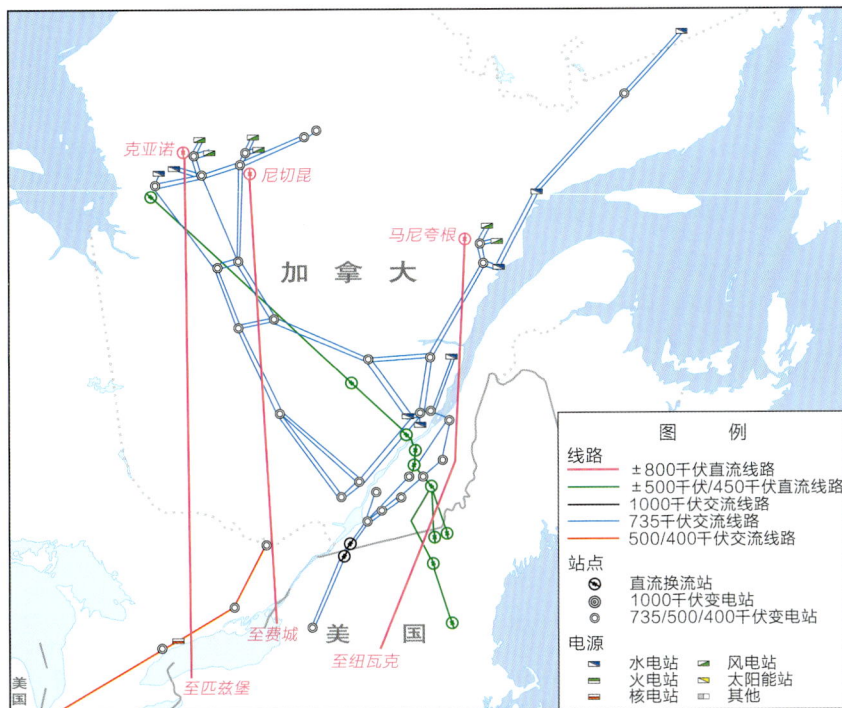

图 5-20　2050 年魁北克电网互联示意图

专栏　魁北克省—纽约州系统需求互补特性和联网效益分析

　　魁北克省约 95% 的电力来自本省北部水电，丰水期集中在夏季 5 月～8 月，最大负荷出现在冬季 12 月～次年 2 月，夏季最大负荷约为冬季的 55% 左右，夏季存在弃水。纽约州最大负荷出现在夏季 5 月～8 月，与魁北克省互补特性较强。

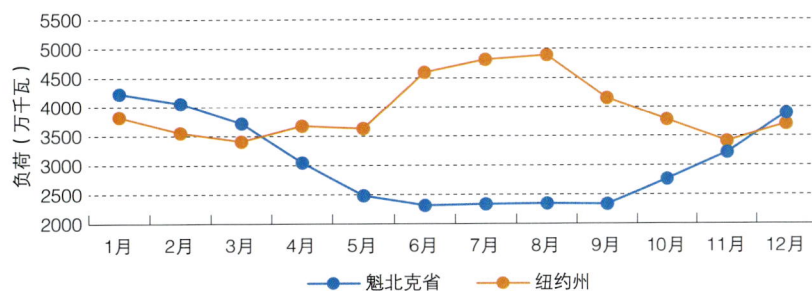

图 1　2050 年魁北克省与纽约州年负荷曲线示意图

　　预计 2050 年魁北克冬季最大负荷约 4300 万千瓦，满足本地用电需求后，夏季水电盈余约 1900 万千瓦。纽约州夏季最大负荷约 4900 万千瓦。考虑通过 1 回 ±800 千伏直流（800 万千瓦）与魁北克电网互联，可减少魁北克水电夏季弃水，替代纽约州电源装机。经初步测算，纽约州可减少有效电源装机约 800 万千瓦,魁北克夏季弃水电量由 460 亿千瓦时降至 210 亿千瓦时,减少弃水和替代装机效益显著。若通过 2 回以上直流与北美东部电网互联,可根本解决魁北克省水电夏季弃水问题。

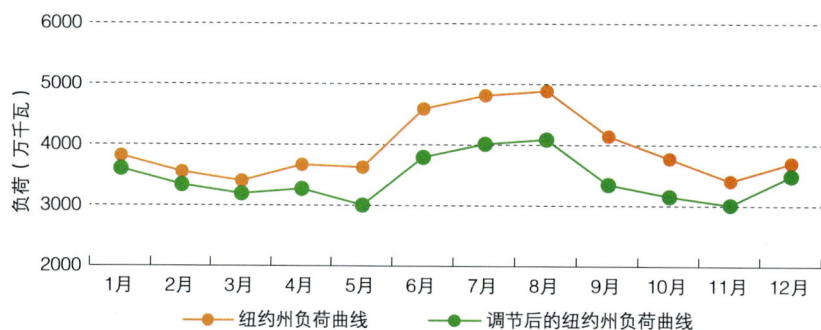

图 2　2050 年纽约州调节前后负荷曲线示意图

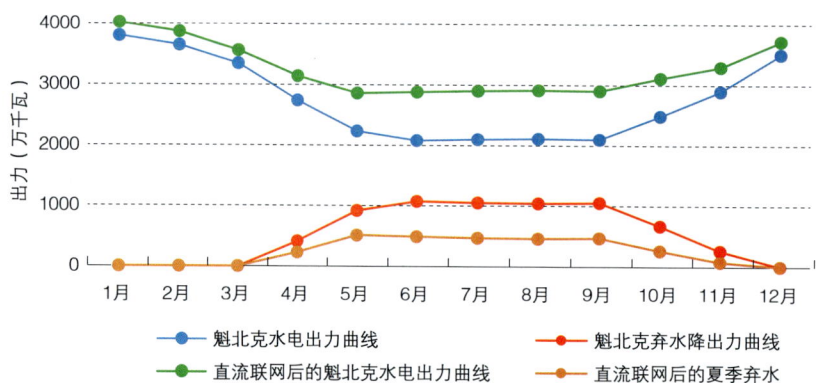

图 3　2050 年魁北克省水电调节后出力和弃水情况示意图

5.4　重点互联互通工程

5.4.1　跨国跨洲重点工程

1 北美洲—南美洲互联

墨西哥墨西哥城—秘鲁特鲁希略直流工程。工程定位于墨西哥太阳能与秘鲁水电跨洲互补互济。采用 ±800 千伏直流,输送容量 800 万千瓦,线路长度约 5200 千米,2050 年前建成。初步测算,工程总投资 115 亿美元,输电价约 3.21 美分 / 千瓦时。工程如图 5-21 所示。

图 5-21 墨西哥墨西哥城—秘鲁特鲁希略 ±800 千伏直流工程示意图

2 加拿大—美国互联

加拿大清洁能源外送美国直流工程，包括 6 回 ±800 千伏直流，定位将加拿大水电风电通过直流向南送至美国各主要负荷中心，总输送容量 4800 万千瓦，总投资 340 亿美元。

加拿大东部建设 3 回直流，如图 5-22 所示。

加拿大尼切昆—美国费城直流工程。拟采用 ±800 千伏直流，输送容量 800 万千瓦，线路长度约 1900 千米，2035 年前建成。经初步测算，工程总投资 60 亿美元，输电价约为 1.65 美分 / 千瓦时。

加拿大克亚诺—美国匹兹堡直流工程。拟采用 ±800 千伏直流，输送容量 800 万千瓦，线路长度约 1800 千米，2050 年前建成。经初步测算，工程总投资 58 亿美元，输电价约为 1.59 美分 / 千瓦时。

加拿大马尼夸根—美国纽瓦克直流工程。拟采用 ±800 千伏直流，输送容量 800 万千瓦，线路长度约 1400 千米，2050 年前建成。经初步测算，工程总投资 48 亿美元，输电价约为 1.32 美分 / 千瓦时。

图 5-22　加拿大清洁能源外送工程（东部）示意图

加拿大中部建设 1 回直流，如图 5-23 所示。

加拿大汤普森—美国明尼阿波利斯直流工程。拟采用 ±800 千伏直流，输送容量 800 万千瓦，线路长度约 1500 千米，2035 年前建成。经初步测算，工程总投资 50 亿美元，输电价约 1.38 美分 / 千瓦时。

图 5-23　加拿大清洁能源外送工程（中部）示意图

加拿大西部建设 2 回直流，如图 5-24 所示。

加拿大特勒斯—美国圣弗朗西斯科（旧金山）直流工程。拟采用 ±800 千伏直流，输送容量 800 万千瓦，线路长度约 2600 千米，2035 年前建成。经初步测算，工程总投资 68 亿美元，输电价约为 1.86 美分／千瓦时。

加拿大卡尔加里—美国利弗莫尔直流工程。拟采用 ±800 千伏直流，输送容量 800 万千瓦，线路长度约 1950 千米，2050 年前建成。经初步测算，工程总投资 56 亿美元，输电价约 1.53 美分／千瓦时。

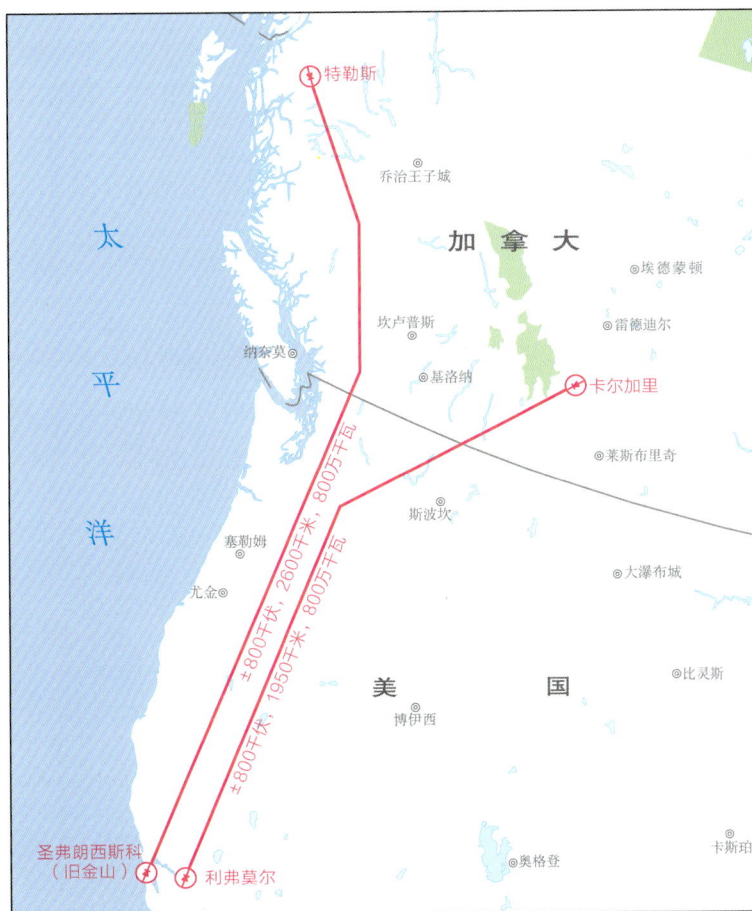

图 5-24　加拿大清洁能源外送工程（西部）示意图

3 美国—墨西哥互联

美国—墨西哥 1000 千伏交流联网工程。工程定位于美国西部电网和墨西哥电网互联，实现美国、加拿大水电和墨西哥太阳能丰枯互济。包括两个 1000 千伏输电通道，西通道连接美国圣迭戈和墨西哥蒂华纳，东通道连接美国菲尼克斯和墨西哥圣安娜，线路总长度约 420 千米，2050 年前建成。初步测算，工程总投资约 5 亿美元。如图 5-25 所示。

图 5-25　美国—墨西哥 1000 千伏交流联网工程示意图

5.4.2　区域内重点工程

1 东、西部电网互联

兰德—拉斯维加斯 ±800 千伏直流工程。工程定位于输送兰德风电基地电力至拉斯维加斯消纳，输送容量 800 万千瓦，线路长度约 1100 千米，2035 年前建成。经初步测算，工程总投资 45 亿美元，输电价约为 1.22 美分 / 千瓦时。工程如图 5-26 所示。

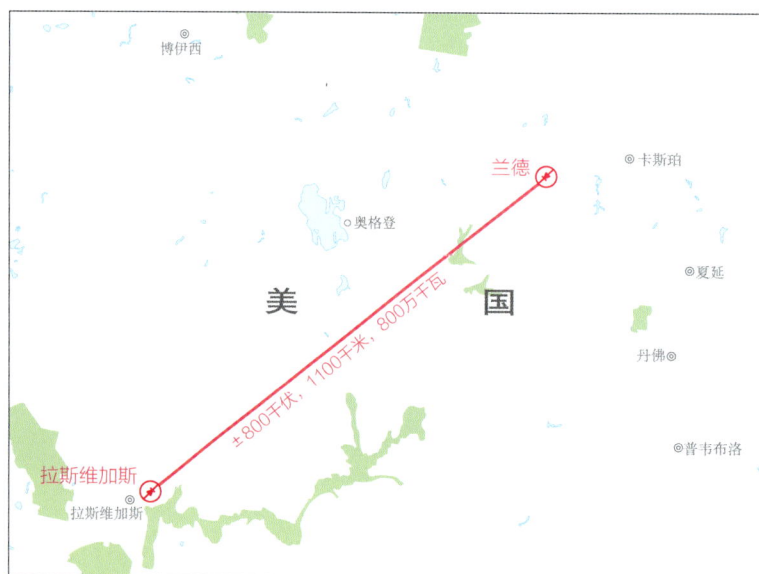

图 5-26　兰德—拉斯维加斯 ±800 千伏直流工程示意图

兰德—摩根墩 ±800 千伏直流工程。工程定位于输送西部兰德风电基地电力至东部摩根墩消纳，输送容量 800 万千瓦，线路长度约 2800 千米，2050 年前建成。经初步测算，工程总投资 72 亿美元，输电价约为 1.97 美分 / 千瓦时。工程如图 5-27 所示。

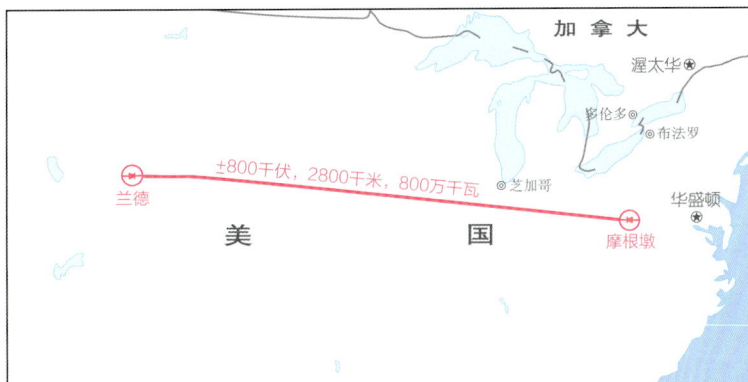

图 5-27 兰德—摩根墩 ±800 千伏直流工程示意图

凯恩塔—亚特兰大 ±800 千伏直流工程。工程定位于输送西部凯恩塔太阳能基地电力至东南部亚特兰大消纳,输送容量 800 万千瓦,线路长度约 2700 千米,2050 年前建成。经初步测算,工程总投资 71 亿美元,输电价约为 1.94 美分 / 千瓦时。工程如图 5-28 所示。

图 5-28 凯恩塔—亚特兰大 ±800 千伏直流工程示意图

2 中西部清洁能源基地电力送出工程

美国中部清洁能源送电东北部直流工程,包括 4 回 ±800 千伏直流,定位于将美国中部马丁、亚瑟、锡拉丘兹等清洁能源基地电力外送东北部消纳,总输送容量 3200 万千瓦,总投资 213 亿美元。工程如图 5-29 所示。

马丁—芝加哥 ±800 千伏直流工程。工程定位于输送马丁风电基地电力至芝加哥就地消纳。工程拟采用 ±800 千伏直流,输送容量 800 万千瓦,线路长度约 1400 千米,2035 年前建成。经初步测算,工程总投资 49 亿美元,输电价约为 1.36 美分 / 千瓦时。

亚瑟—印第安纳波利斯 ±800 千伏直流工程。工程定位于输送亚瑟风电基地电力至印第安纳波利斯,就地消纳后由 765 千伏电网转供沿线城市。采用 ±800 千伏直流,输送容量 800 万千瓦,线路长度约 1600 千米，2035 年前建成。经初步测算，工程总投资 52 亿美元，输电价约为 1.43 美分 / 千瓦时。

锡拉丘兹 I —查尔斯顿 ±800 千伏直流工程。 工程定位于输送锡拉丘兹太阳能基地电力至查尔斯顿，就地消纳部分后由 765 千伏电网转供沿线城市。采用 ±800 千伏直流，输送容量 800 万千瓦，线路长度约 2000 千米，2035 年前建成。经初步测算，工程总投资 60 亿美元，输电价约为 1.65 美分 / 千瓦时。

锡拉丘兹 II —路易维尔 ±800 千伏直流工程。 工程定位于输送锡拉丘兹太阳能基地电力至路易维尔，就地消纳部分后由 765 千伏网架供应沿线城市。采用 ±800 千伏直流，输送容量 800 万千瓦，线路长度约 1600 千米，2035 年前建成。经初步测算，工程总投资 52 亿美元，输电价约为 1.43 美分 / 千瓦时。

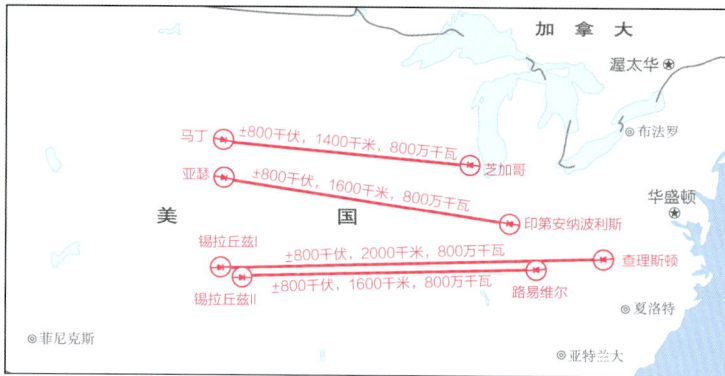

图 5-29　美国中部清洁能源送电东北部直流工程示意图

美国中部清洁能源送电东南部直流工程， 包括 3 回 ±800 千伏直流，定位于美国中部加登城、布法罗等清洁能源基地电力，外送东南部消纳，总输送容量 2400 万千瓦，总投资 154 亿美元。工程如图 5-30 所示。

图 5-30　美国中部清洁能源送电东南部直流工程示意图

加登城—夏洛特 ±800 千伏直流工程。工程定位于输送加登城风电基地电力至夏洛特，就地消纳后由 1000 千伏电网转供沿线城市。采用 ±800 千伏直流，输送容量 800 万千瓦，线路长度约 2100 千米，2035 年前建成。经初步测算，工程总投资 63 亿美元，输电价约为 1.73 美分 / 千瓦时。

布法罗Ⅰ—孟菲斯 ±800 千伏直流工程。工程定位于输送布法罗太阳能基地电力至孟菲斯，就地消纳后由 1000 千伏电网转供沿线城市。采用 ±800 千伏直流，输送容量 800 万千瓦，线路长度约 1010 千米，2035 年前建成。经初步测算，工程总投资 44 亿美元，输电价约为 1.24 美分 / 千瓦时。

布法罗Ⅱ—杰克逊 ±800 千伏直流工程。工程定位于输送布法罗太阳能基地电力至杰克逊，就地消纳部分后由 1000 千伏网架供应沿线城市。采用 ±800 千伏直流，输送容量 800 万千瓦，线路长度约 1150 千米，2035 年前建成。经初步测算，工程总投资 47 亿美元，输电价约为 1.31 美分 / 千瓦时。

美国中部清洁能源送电得州直流工程，包括 3 回 ±800 千伏直流，定位于美国中部肯顿、克莱顿清洁能源基地电力送至得州负荷中心消纳，总输送容量 2400 万千瓦，总投资 133 亿美元。工程如图 5-31 所示。

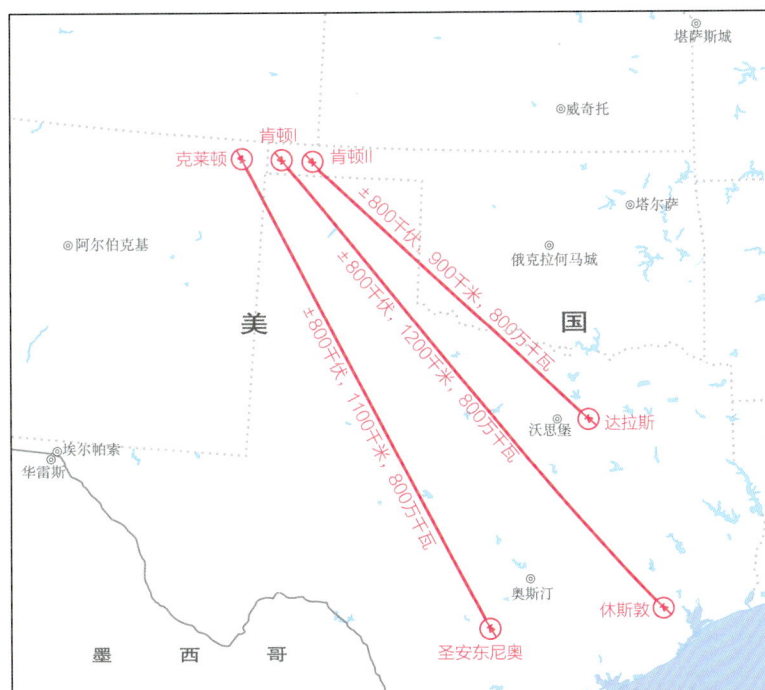

图 5-31 美国中部清洁能源送电得州直流工程示意图

肯顿Ⅰ—休斯敦 ±800 千伏直流工程。工程定位于输送肯顿风电基地电力至休斯敦就地消纳。工程拟采用 ±800 千伏直流，输送容量 800 万千瓦，线路长度约 1200 千米，2050 年前建成。经初步测算，工程总投资 48 亿美元，输电价约为 1.34 美分 / 千瓦时。

肯顿Ⅱ—达拉斯 ±800 千伏直流工程。工程定位于输送肯顿风电基地电力至达拉斯，就地消纳后由 500 千伏电网转送得州其他城市。采用 ±800 千伏直流，输送容量 800 万千瓦，线路长度约 900 千米，2050 年前建成。经初步测算，工程总投资 42 亿美元，输电价约为 1.19 美分 / 千瓦时。

克莱顿—圣安东尼奥 ±800 千伏直流工程。工程定位于输送克莱顿太阳能基地电力至圣安东尼奥，就地消纳部分后由 500 千伏电网输送至得州各大城市。采用 ±800 千伏直流，输送容量 800 万千瓦，线路长度约 1100 千米，2050 年前建成。经初步测算，工程总投资 43 亿美元，输电价约为 1.21 美分 / 千瓦时。

3 东、西部交流骨干网架 / 输电走廊

美国 765 千伏交流环网工程。该工程将五大湖 765 千伏主网架向西北方向延伸，覆盖明尼阿波利斯、密尔沃基、得梅因等城市。工程定位于扩大 765 千伏网架覆盖范围、提升电网供电能力，受入加拿大水电和美国中部风电，支撑制造业发展。工程共包括 11 座 765 千伏变电站，其中新建 8 座，扩建 3 座，线路路径全长 1780 千米。总投资 38 亿美元。工程如图 5-32 所示。

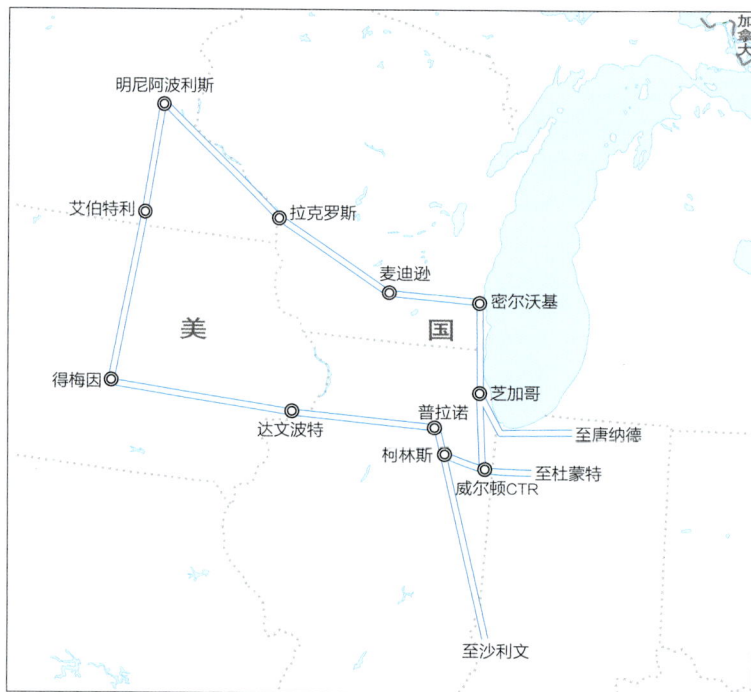

图 5-32　美国 765 千伏交流环网工程示意图

美国东海岸 1000 千伏交流输电走廊工程。该工程北端起始美国马西，途径美国东海岸各大城市群，包括纽约、费城、华盛顿特区等，南至诺福克与东南部 1000 千伏交流主网架互联。工程定位于全面提升向东海岸各大城市群供电能力，受入加拿大跨国清洁电力及美国东部清洁能源基地电力，满足各城市用电需求。工程并包括 8 座 1000 千伏变电站，路径全长 1165 千米。总投资 81 亿美元。工程如图 5-33 所示。

图 5-33 美国东海岸 1000 千伏交流输电走廊工程示意图

美国东南部 1000 千伏交流环网工程。该工程以亚特兰大为核心建设 1000 千伏交流环网，辐射伯明翰、纳什维尔等美国东南部大城市。工程定位于在环网西端受入中部清洁能源基地电力，向东供应沿线各城市，电力汇集于亚特兰大后转送东南部佛罗里达州，满足东南部各大城市产业转型所需电力。工程共包括 4 座 1000 千伏变电站，路径全长 1160 千米。总投资 55 亿美元。工程如图 5-34 所示。

图 5-34 美国东南部 1000 千伏交流环网工程示意图

美国西海岸 1000 千伏交流输电走廊工程。该工程北起俄勒冈州赫米斯顿，南至加州圣迭戈，途径西海岸波特兰、圣弗朗西斯科（旧金山）、洛杉矶等城市群。工程定位于全面提升西海岸电网清洁能源输送与消纳能力，同时受入加拿大跨国清洁电力和美国中西部清洁能源基地电力，满足高新产业发展所需电力。走廊南端跨国与墨西哥 1000 千伏电网互联，构建清洁能源多能互补、大范围优化配置平台。工程共包括 9 座 1000 千伏变电站，路径全长 2344 千米。总投资 108 亿美元。工程如图 5-35 所示。

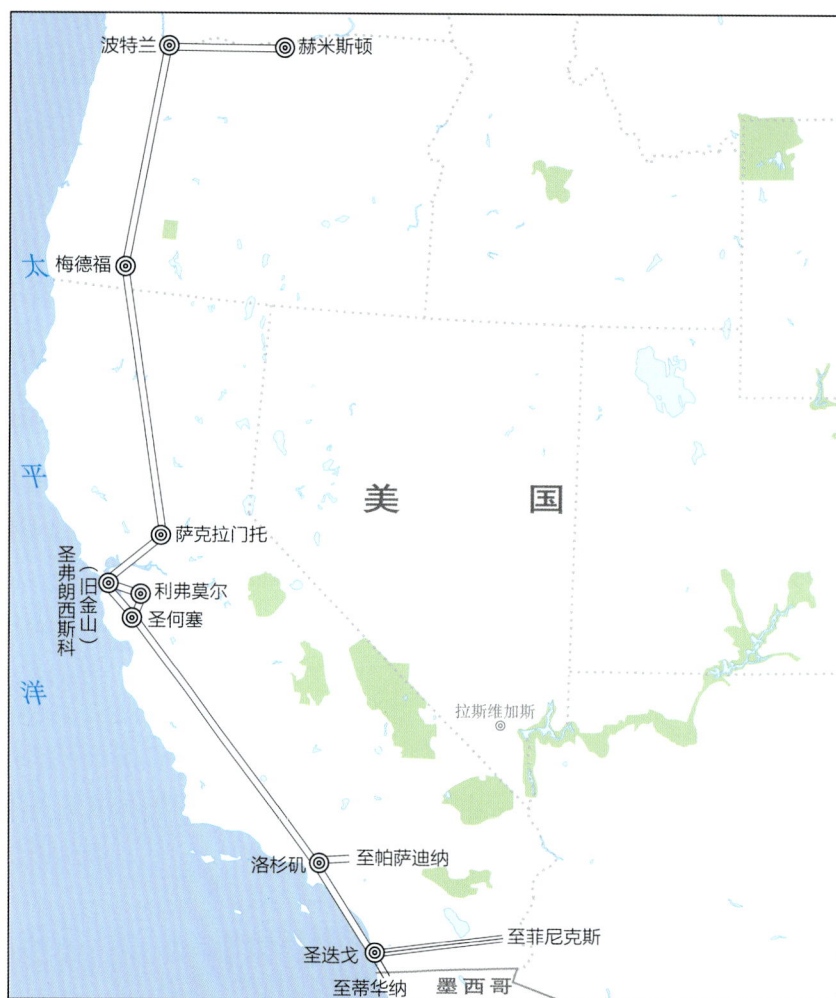

图 5-35　美国西海岸 1000 千伏交流输电走廊工程示意图

墨西哥中部 1000 千伏交流输电走廊工程。该工程北起重要工业城市蒙特雷，南至首都墨西哥城，途径瓜达拉哈拉、托卢卡等大城市。工程定位于里奥格兰德、阿帕钦甘等大型太阳能基地电力汇集送出，全面提升电网供电能力和供电可靠性。工程共包括 9 座 1000 千伏变电站，路径全长 2129 千米。总投资 114 亿美元。工程如图 5-36 所示。

图 5-36　墨西哥中部 1000 千伏交流输电走廊工程示意图

5.5　投资估算

5.5.1　投资估算原则

北美洲能源互联网投资包括电源投资和电网投资两部分。电源投资根据单位容量投资成本和投产容量进行测算，电网投资根据各电压等级电网投资造价进行估算。

电源投资方面，根据各类电源技术发展趋势，结合国际能源署等国际能源机构相关研究成果，预测 2035、2050 年各类电源单位容量投资成本。预计到 2050 年太阳能、风电单位投资成本较 2016 年分别降低 70% 和 50%。各水平年各类电源单位投资成本预测见表 5-1。

表 5-1　各水平年各类电源单位投资成本预测

单位：美元 / 千瓦

电源类型	2035 年	2050 年
火电	2800	3000
水电	4000	4000
光伏	610（基地成本：490）	350（基地成本：280）
光热	3990	3260
陆上风电	1110（基地成本：890）	910（基地成本：730）
海上风电	1580	1350
核电	5000	5000
生物质及其他	2500	2400

电网投资方面，特高压电网参考中国、巴西等同类工程造价进行测算，并结合北美洲工程造价实际情况进行调整。765 千伏及以下电网累计增加投资根据爱迪生电气协会测算的单位增供电量投资指标❶进行估算。各电压等级电网投资测算参数见表 5-2。

表 5-2 各电压等级电网投资测算参数

工程类别	变电站、换流站 （美元 / 千伏安、美元 / 千瓦）	线路 （万美元 / 千米）
1000 千伏交流	67	120
765/735 千伏交流	41	85
500 千伏交流	39	50
400 千伏交流	33	35
±800 千伏直流	126	202

5.5.2 投资估算结果

2019—2050 年，北美洲能源互联网总投资约 4.3 万亿美元，其中电源投资约 2.5 万亿美元，占总投资 58%。电网投资约 1.8 万亿美元，占总投资 42%。北美洲能源互联网各水平年投资结构如图 5-37 所示。

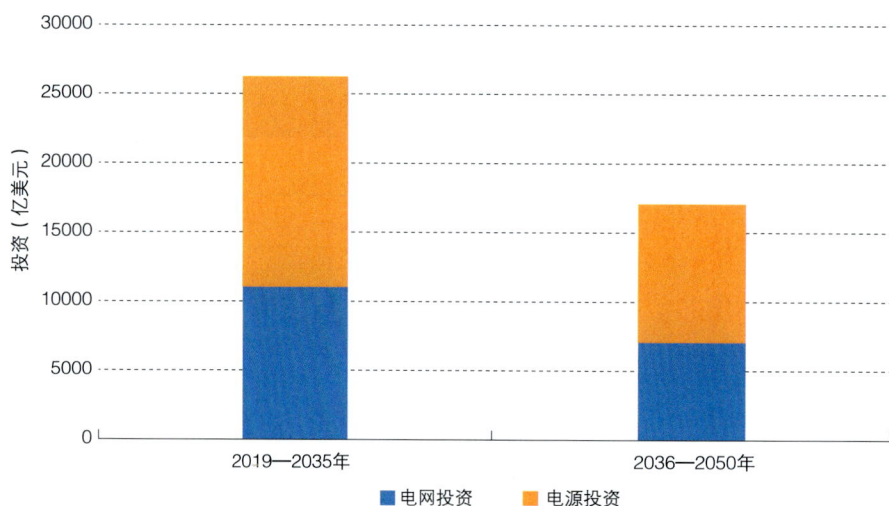

图 5-37 北美洲能源互联网投资规模与结构

---

❶ 在电力需求预计年增长率为 0.8% 的条件下，美国各电力公司计划在 2016 年到 2019 年 765 千伏及以下电网投资约 840 亿美元，测算美国765 千伏及以下电网单位增供电量投资为 0.66 美元 / 千瓦时。

| 2019—2035 年 | 北美洲能源互联网投资约 2.6 万亿美元。电源投资约 1.5 万亿美元、占比 58%，其中分布式电源投资约 2360 亿美元、占电源投资 15%。电网投资约 1.1 万亿美元、占比 42%，其中 400 千伏及以上电网投资约 2760 亿美元、345 千伏及以下电网投资约 8230 亿美元。 |

| 2036—2050 年 | 北美洲能源互联网投资约 1.7 万亿美元。电源投资约 1 万亿美元、占比 59%，其中分布式电源投资约 1002 亿美元、占电源投资 10%。电网投资约 7032 亿美元、占比 41%，其中 400 千伏及以上电网投资约 1950 亿美元、345 千伏及以下电网投资约 5080 亿美元。 |

2019—2050 年北美洲各国电源与电网投资规模与结构分别如图 5-38、图 5-39 所示。

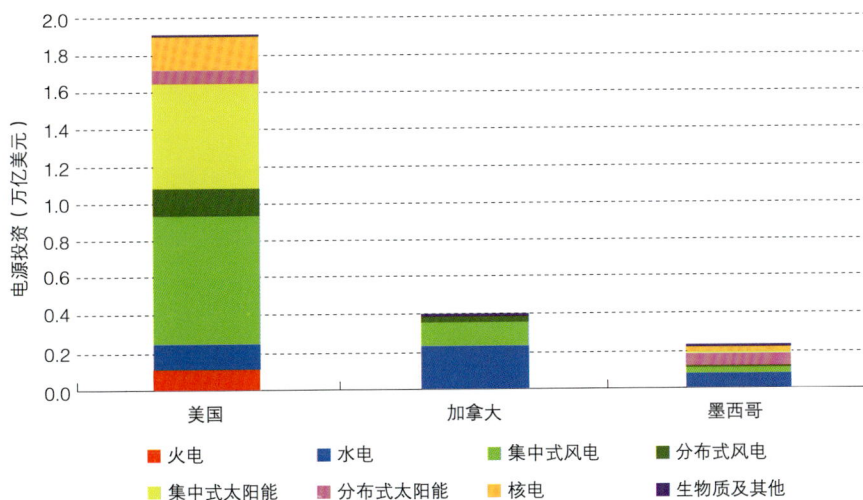

图 5-38　2019—2050 年北美洲各国电源投资规模与结构

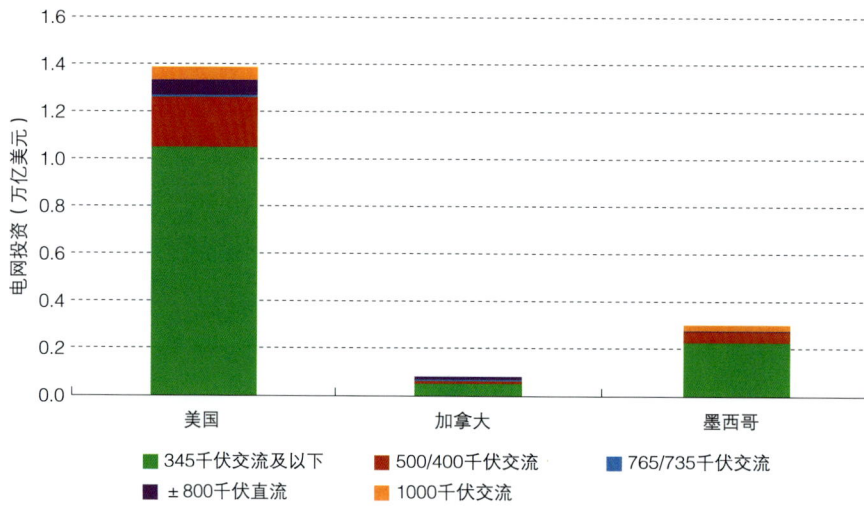

图 5-39　2019—2050 年北美洲各国电网投资规模与结构

6

综合效益

北美洲能源互联网是加快推动北美洲清洁发展，实现经济持续增长、社会公正和谐、区域发展均衡的重要载体，是促进北美洲经济、社会、环境可持续发展的纽带和桥梁，具有巨大的综合价值。基于北美洲能源互联网发展的能源电力展望，统筹考虑生产、消费、投资、国际贸易等因素，采用综合效益评估模型（见附录1），系统分析北美洲能源互联网对经济社会发展的促进作用；综合考虑能源生产、传输、加工转换、终端利用对气候变化与生态环境影响，评估北美洲能源互联网环境效益；围绕促进北美一体化发展、能源合作、环境治理等维度，研判北美洲能源互联网政治效益。

6.1　经济效益

1 促进资源开发

北美清洁资源储量巨大，有序开发北美区域内丰富水能、风能及太阳能资源，不仅能改变北美现有的能源消费结构，也能加速北美形成清洁能源多元发展格局，保障能源清洁、高效和可持续供应。

2 推动产业升级

构建北美洲能源互联网，将有力带动新能源、新材料、高端装备、智能制造、电动汽车、新型储能、信息通信等新兴产业发展，且随着能源使用效率的提高，开发利用清洁能源，建设、运行及维护区域能源互联网等，均将促进北美能源等相关产业转型升级，加速新旧动能转换，激活北美制造创新力。

3 助力投资拉动

以清洁能源开发为契机带来的电力基础设施更新与投资将成为刺激经济增长的重要手段。2019—2050年北美洲能源互联网总投资将达4.3万亿美元，对北美地区经济增长的贡献率约为1.2%，助力北美地区经济增长。

4 增加联网效益

扩大北美电网互联范围，实现能源电力供需由就地平衡格局向大范围平衡转变。通过北美东西部电网互联，可获得1600万千瓦错峰效益，有效减少装机和储能设备容量。通过电力互联互通，构建北美能源电力市场，实现多途径能源电力进出口，保障北美的电力供应和能源安全，推动北美经济一体化建设。

6.2　社会效益

1　增加就业机会

建设北美洲能源互联网，涉及能源开发、基础设施建设、电工装备、电能替代、智能技术、新型材料、信息通信等诸多领域，要求从业人员具备一定的专业技术能力和职业素养，带动就业的同时提高从业人员素质。预计通过能源互联网建设将全面推动各行业的发展，累计创造就业岗位约 1000 万个。

2　降低能源供应成本

大规模开发利用清洁能源，扩大清洁能源优化配置范围，将有效降低能源供应成本。2050年北美洲平均发电成本比目前下降约 47%，效益十分显著。

3　缩小贫富差距

建设北美洲能源互联网，解决能源供应问题，在资源富集、适宜集中开发的地区，建设大型清洁能源发电项目，为促进地区经济发展提供动力，满足贫困地区生产生活需要并产生收益，助力消除减贫，实现地区均衡发展，促进北美全面发展。

6.3　环境效益

1　减少温室气体排放

化石能源利用是二氧化碳排放的主要来源，约占二氧化碳总排放量的 85%。当前北美洲碳排放水平较高，加速清洁能源开发利用，有效控制能源利用所产生的二氧化碳排放，是应对气候变化的关键。构建北美洲能源互联网，以电网互联互通加速清洁能源高效、规模化开发利用，可以实现清洁能源优化配置和快速发展。通过"清洁替代"从源头上控制温室气体排放,通过"电能替代"促进各终端部门减排，从而实现温升控制目标。构建北美洲能源互联网，至 2035 年能源系统年二氧化碳排放量降至约 33 亿吨，较政策延续情景减少 42%[1]，至 2050 年能源系统年二氧化碳排放量进一步降至约 11 亿吨，较政策延续情景减少 82%，如图 6-1 所示。

2　减少气候相关灾害

气候灾害主要包括干旱灾害、洪涝灾害、风灾等，是由气候原因引起的自然灾害。受气候灾害影响，北美洲各国经济损失严重。构建北美洲能源互联网，从源头上减少温室气体排放，减缓全球和区域气候系统的异常变化和极端事件，有效降低气候灾害发生风险；利用先进输电、智能电网技术，提升能源电力基础设施防灾能力和气候韧性，减少因气候灾害造成的经济损失和人员伤亡。

[1] 奥地利国际应用系统分析研究所（IIASA）发布的全球政策延续情景，该情景为各国延续现有已出台的相关政策所形成的经济、能源、电力、排放发展路径。

086　北美洲能源互联网研究与展望

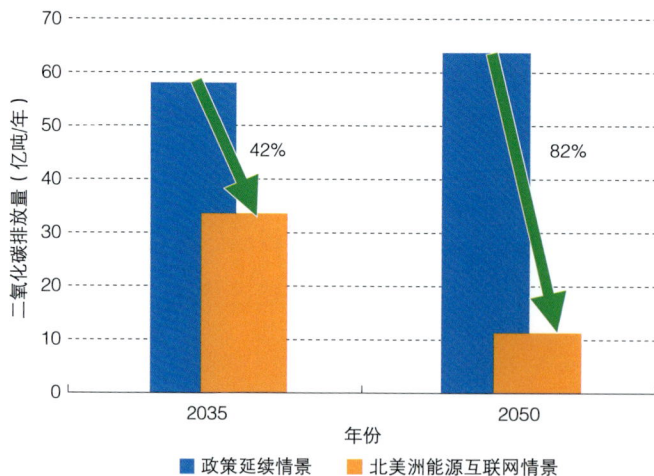

图 6-1　北美洲能源互联网碳减排效益

3　减少大气污染物排放

二氧化硫、氮氧化物和细颗粒物是全球三大主要空气污染物，化石能源利用是造成空气污染的重要原因。构建北美洲能源互联网，实施"清洁替代"，促进清洁能源大规模开发利用，从污染源头上直接减少化石能源生产、使用、转化全过程的空气污染物排放，实现以清洁、经济、高效方式破解"心肺之患"；实施"电能替代"，推动工业、交通、生活部门使用的煤炭、石油和天然气被清洁电力取代，减少工业废气、交通尾气、生活和取暖废气等排放，深度挖掘和释放各行业减排潜力，实现终端用能联动升级、空气污染联动治理。

到 2035 年，与政策延续情景相比，每年可减少排放二氧化硫 360 万吨、氮氧化物 900 万吨、细颗粒物 90 万吨，如图 6-2 所示。

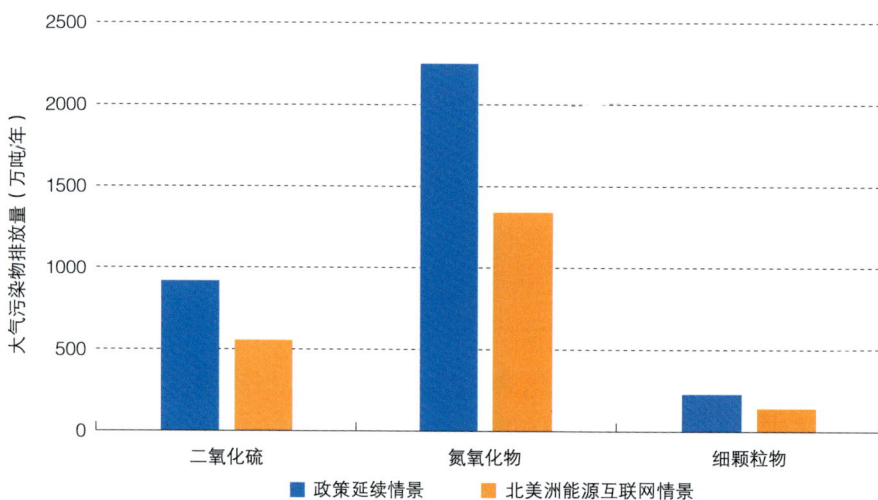

图 6-2　2035 年北美洲能源互联网大气污染物减排效益

到 2050 年，与政策延续情景相比，每年可减少排放二氧化硫 700 万吨、氮氧化物 1900 万吨、细颗粒物 170 万吨，如图 6-3 所示。

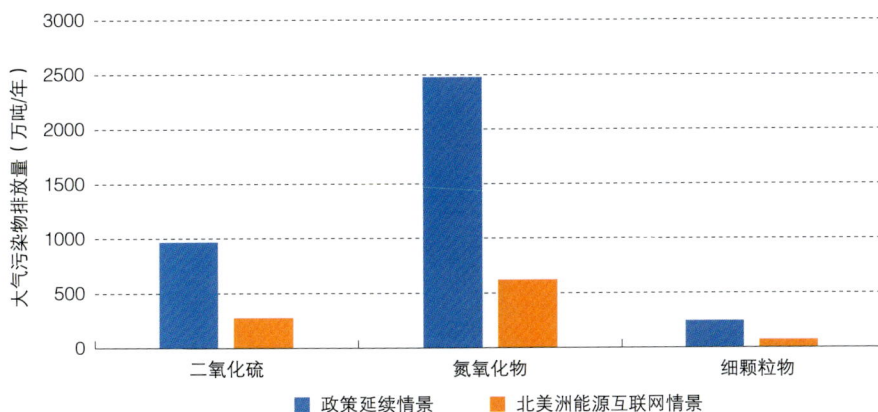

图 6-3　2050 年北美洲能源互联网大气污染物减排效益

4 提高土地资源价值

提高土地资源价值主要是指在荒漠化土地等人类未利用土地上统筹开发清洁能源，提升土地经济价值，节约高价值土地的占用，实现经济社会发展与环境保护的有机结合。构建北美洲能源互联网，在北美洲土地贫瘠、清洁能源资源丰富地区开发风能、太阳能等，增加地表粗糙度和覆盖度，促进增加区域降水并有效降低土壤水分蒸发量，促进荒漠土地恢复；通过互联互通将荒漠地区的清洁电能送至负荷地区，将生态环境劣势转化为资源开发利用优势，通过清洁能源外送、产业结构升级、资源协同开发等综合措施推动实施植树造林、改善土壤质量和建设农业基础设施，以保护水土和恢复生态环境。与政策延续情景相比，到 2035 年，北美洲每年可提高土地资源价值 180 亿美元；到 2050 年，北美洲每年可提高土地资源价值 300 亿美元。

6.4 政治效益

1 增强政治互信

通过构建北美洲能源互联网，加强各国在能源领域的合作，以清洁能源发电带动北美地区能源转型和经济发展，通过实现各国清洁能源共享、电力互联互通和跨洲跨国交易，有力加强国家间能源、经济合作，将北美洲各国更为紧密地联结在一起，构建牢固的伙伴关系，增强区域内政治互信。

2 促进协同发展

通过构建北美洲能源互联网，不仅能够推动地区各国优势互补、协同发展，解决因资源分配不均导致的区域经济发展失衡等问题，还能加强北美洲各国在能源领域的合作，推动政府间相关政策的积极协同，巩固区域融合发展、共同繁荣，为北美经济发展提供持续动力，助力北美地区协同发展。

7

实现 1.5 摄氏度温控
目标发展展望

　　构建北美洲能源互联网，通过搭建清洁能源开发、配置和使用的互联互通大平台，能够开发和利用洲内丰富的清洁能源资源和减排潜力，实现《巴黎协定》2 摄氏度温控目标，这也为北美洲和全球进一步将温升控制在 1.5 摄氏度以内提供了可行路径和重要基础。本章综合考虑北美洲清洁能源资源、经济产业和技术发展条件，在建设北美洲能源互联网基础上，通过在能源供应侧加快清洁替代，在能源消费侧加大电能替代力度和深度，合理应用碳捕集与封存及负排放技术，研究和提出北美洲能源互联网加快发展情景方案，促进全球实现 1.5 摄氏度温控目标。

7.1　形势要求

　　实现 1.5 摄氏度温控目标对于全球可持续发展和各国福祉具有重大意义。实现 1.5 摄氏度温控目标能够确保全球气候系统风险更小，自然系统和人类系统更安全。全球 1.5 摄氏度和 2 摄氏度温升的气候特征存在巨大差异，包括陆地和海洋的平均温度、人类居住地区的极端气温、强降水与干旱概率等。相比 2 摄氏度温升，实现全球 1.5 摄氏度温升能防止 150 万～ 250 万平方千米的多年冻土区融化，生物多样性受影响比例和高风险区域面积减少一半以上，并防止海洋渔业捕捞量大量减少；全球面临气候相关风险的人口和易致贫人口的数量将减少数亿人，承受水资源缺口压力的人口占全球总人口的比例最高能下降 50%；同时气候变化带来的全球整体经济发展风险会更低，易受贫困威胁的人口比重更低。

　　为实现 1.5 摄氏度温控目标，北美洲亟需全面提升气候行动力度。联合国政府间气候变化专门委员会研究表明，人类活动已导致全球温升高于工业化前水平约 1 摄氏度。如果延续现有排放趋势，2030 年前后 1.5 摄氏度目标的排放空间即将用尽，全球温升可能在 2030—2052 年间达到 1.5 摄氏度。如果要将温升控制在 1.5 摄氏度以内，全球 2018—2100 年累积二氧化碳排放量应控制在 4200 亿～ 5800 亿吨以内 ❶。这意味着相较 2 摄氏度目标，全球碳排放空间减少一半以上。北美洲能源需求总量和温室气体历史排放量巨大，要实现 1.5 摄氏度温控目标，北美洲各国亟需加速减排，力争 2050 年前实现净零排放。

7.2　实施路径

　　创新和推广各类高效、低碳能源技术，完善和强化各国低碳能源政策，持续加强区域能源合作，将有效促进北美洲加速能源清洁低碳转型，显著提升应对气候变化的行动力度和减排效果。

---

❶　资料来源：联合国政府间气候变化专门委员会，全球 1.5 摄氏度温升特别报告，2018。

7.2.1 清洁替代

能源供应侧加快清洁替代。 随着清洁能源发电技术快速发展和经济性快速提升，北美洲通过加大清洁能源产业发展的政策支持力度，建立更有利于清洁能源规模化、集约化开发、大范围配置和高效利用机制，进一步加大风能和太阳能开发力度，优化水能发电特性，提升水电、风电、太阳能互补运行效率和发电稳定性，开发地热和生物质资源，实现能源供应侧高比例清洁替代。2050 年北美洲清洁能源装机占比将超过 85%，化石能源装机发挥灵活性调节作用。

水能开发方面

> 合理有序开发建设条件好、生态环境友好的水电工程，充分利用加拿大河湖开发调节性水库，增强流域水电调节性能，促进水风光互补运行。

风能开发方面

> 提高风机单机容量，扩大美国中西部风电基地规模，增强风机在极端环境运行能力，提升美国海上风能开发比例，开发加拿大北部极寒地区丰富风能。

太阳能开发方面

> 加大美国西南部、墨西哥北部荒漠地区太阳能开发力度，提升光热发电占比，优化光热与光伏系统组合，构建能源转换效率超过 50% 的"电—热"太阳能综合利用系统，提高太阳能发电稳定性。

7.2.2 电能替代

能源消费侧深化电能替代。 加大配套财政补贴和税收减免等政策力度，进一步加快电能替代相关技术研发速度，支持电气化产业发展，充分激发电能替代潜力，从而提高电能替代经济性、迅速扩大电能消费规模，推动终端用能结构以更快速度调整。

直接电能替代方面

> 加强电能替代政策性支持，加大电动汽车、电动机械等技术攻关和产业扶持力度，优化基础设施布局，构建新的商业模式和产业生态；加快推动动力电池、热泵等关键技术发展与突破，支持工业领域工艺创新，进一步提升直接电能替代经济效益；大力推广电锅炉、电窑炉、热泵、电钻机、电排灌等电能替代应用，激发电能替代市场活力，扩大电能替代规模。

间接电能替代方面

> 积极发展电制氢及燃料电池、电制合成燃料和原材料等新型电气化技术；加速推进相关基础设施建设，提升电制氢、电制合成燃料生产规模以及运输、配置效率；促进成本快速下降，2040 年左右在金属冶炼、长途客运 / 货运、航空航海等领域大规模推广应用，进一步提高电气化、清洁化水平。

7.2.3　固碳减碳

推动固碳减碳技术应用。在更大力度推动能源供应侧清洁替代和能源消费侧电能替代、减少温室气体排放的基础上，进一步通过政策支持积极推动固碳减碳技术研发和商业化、规模化应用，直接减少空气中的温室气体。

01 碳捕集技术方面

碳捕集与封存技术减排成本2012年已下降至60美元/吨，预计到2030年初步具备应用经济性，远期将大规模应用于电力热力生产、重工业、化工等领域。为实现1.5摄氏度温控目标，预计到2050年，80%以上的火电厂和工业碳排放源将配置碳捕集装置。

02 负排放技术方面

在发电等领域，通过生物质联合碳捕集与封存技术能够实现负排放。生物质发电和生物质燃料技术应用均已初具规模，随着碳捕集与封存技术逐渐具备大规模应用的经济性，生物质联合碳捕集与封存技术机组规模将快速扩大，实现大规模的负排放，促进深度减排。

03 森林碳汇方面

在近海的干旱和半干旱地区，通过海水淡化补充淡水资源，扩大植被覆盖面积，促进生态修复，提高固碳能力。

7.3　情景方案

综合考虑北美洲清洁发展趋势、经济发展条件、技术创新方向、碳减排形势等方面要求，在前述章节北美洲能源互联网促进实现2摄氏度温控目标情景方案基础上，通过加快实施清洁替代、电能替代、固碳减排等方面技术，研究和提出北美洲能源互联网促进实现1.5摄氏度温控目标情景方案。

7.3.1　能源需求

北美洲能源供应侧清洁替代速度加快，化石能源需求提前达峰、达峰后快速下降。能源消费侧深度电能替代和能源效率的进一步提升，北美洲终端能源需求快速下降，电能占终端能源比重大幅提升。

一次能源需求

一次能源需求按发电煤耗法计算，2035、2050年分别为35.1亿、32.5亿吨标准煤，2016—2025年间需求缓慢下降，年均下降约0.2%，此后下降速度加快，2026—2050年年均下降 0.5%。煤炭、石油、天然气需求将相继在 2020 年前达峰，达峰后快速下降。北美洲清洁替代速度加快，清洁能源在一次能源需求结构中的比重持续提升，2035、2050 年清洁能源占一次能源比重分别提升至 57%、87%。其中美国、加拿大占比较高，分别达到 89%、85%，墨西哥占比较低为 77%。实现 1.5 摄氏度温控目标的北美洲一次能源需求分品种预测如图 7-1 所示，各国清洁能源占一次能源比重预测如图 7-2 所示。

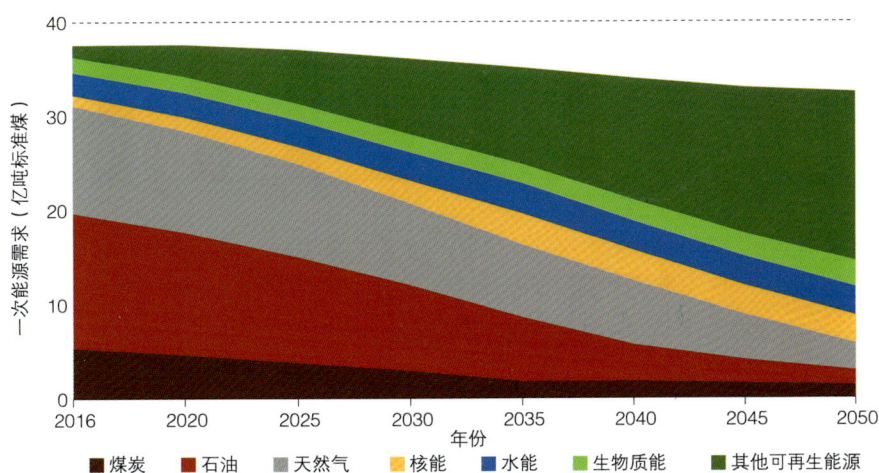

图 7-1　实现 1.5 摄氏度温控目标的北美洲一次能源需求预测

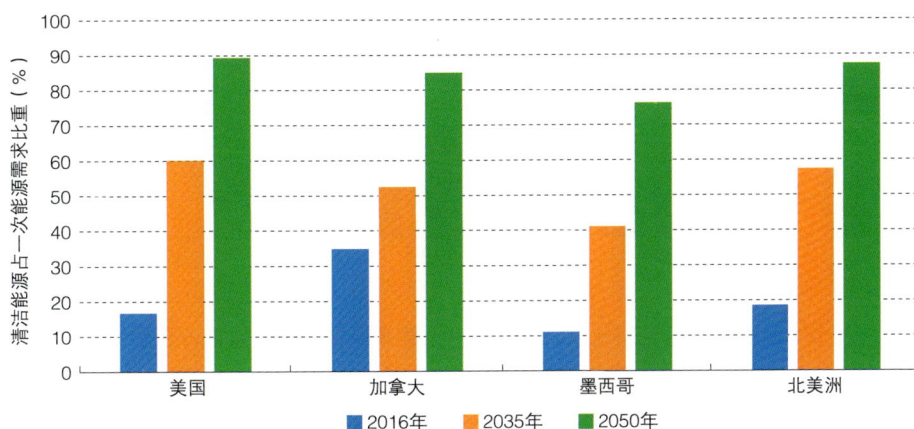

图 7-2　实现 1.5 摄氏度温控目标的北美洲各国清洁能源占比预测

终端能源需求

　　终端能源需求 2016—2050 年持续下降，年均下降 1.1%，2035、2050 年终端能源需求总量分别为 23.1 亿、17.8 亿吨标准煤。终端化石能源需求将大幅下降，2035、2050 年分别为 10.8 亿、2.3 亿吨标准煤。深度电能替代在终端各用能部门加快推进，预计到 2035 年和 2050 年，电能占终端能源比重分别达到 44% 和 75%，工业、交通、建筑部门电能占比分别达到 43% 和 65%、26% 和 62%、62% 和 78%。实现 1.5 摄氏度温控目标的北美洲终端能源需求与电能占终端能源比重变化趋势预测如图 7-3 所示，终端各部门电能占比预测如图 7-4 所示。

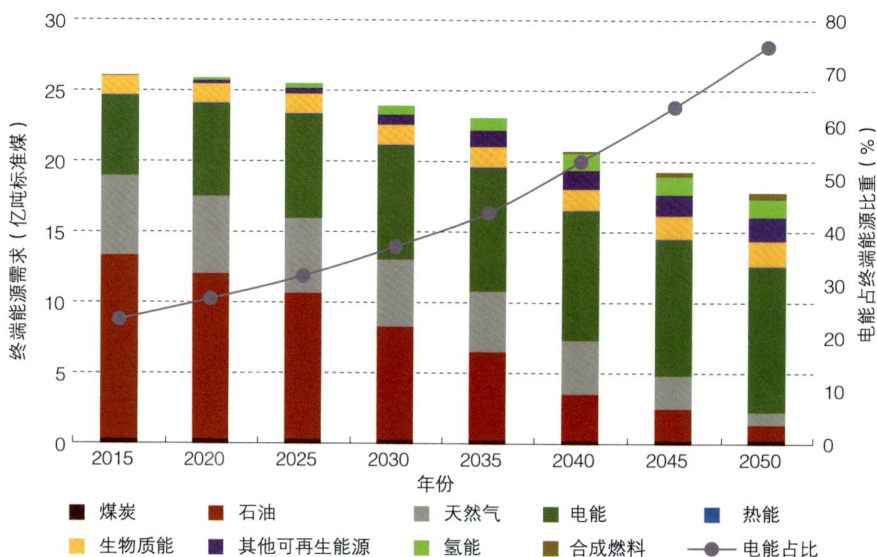

图 7-3　实现 1.5 摄氏度温控目标的北美洲终端能源需求预测

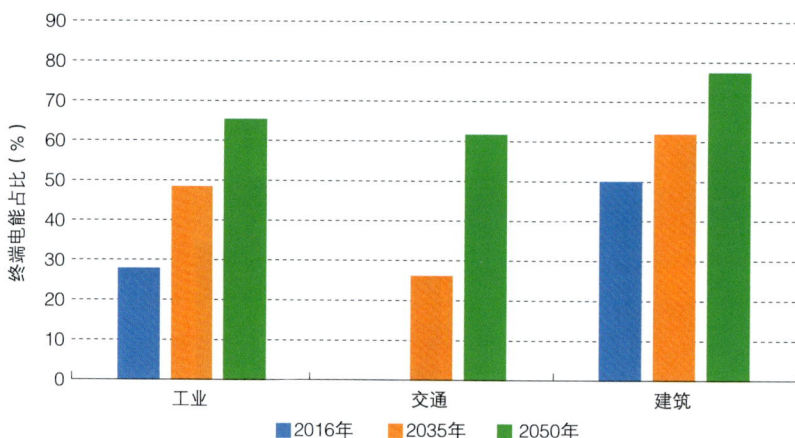

图 7-4　实现 1.5 摄氏度温控目标的北美洲终端各部门电能占比预测

7.3.2　电力需求

电力需求总量

北美洲电力需求持续上升，如图 7-5 所示，2035 年北美洲用电总量 7.4 万亿千瓦时，2017—2035 年的年均增速 2.6%；最大负荷 12.8 亿千瓦，2017—2035 年的年均增速 2.6%。2050 年北美洲用电量将达到 9.9 万亿千瓦时，2036—2050 年的年均增速 2.0%；最大负荷 17.3 亿千瓦，2036—2050 年的年均增速 2.0%。

图 7-5 实现 1.5 摄氏度温控目标的北美洲电力需求预测

年人均用电量

2035 年北美洲年人均用电量增至 13267 千瓦时，是 2017 年的 1.4 倍；美国、加拿大和墨西哥分别达到 16785、17468 千瓦时和 3728 千瓦时。2050 年，北美洲年人均用电量增至 16594 千瓦时，是 2017 年水平的 1.7 倍；美国和加拿大均超过 2 万千瓦时，墨西哥达到 5832 千瓦时，如图 7-6 所示。

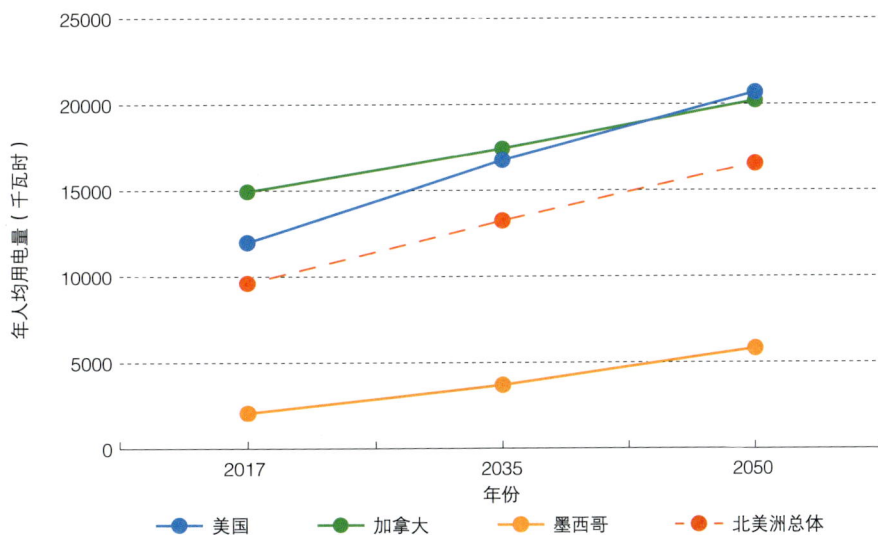

图 7-6 实现 1.5 摄氏度温控目标的北美洲人均用电量预测

分行业用电情况

交通运输业用电量增长至 2035 年的 5400 亿千瓦时、2050 年的 1.2 万亿千瓦时，占比由 2017 年的不足 1% 增长至 2035 年的 7.3%、2050 年的 12%。工业用电量稳步增长，2035、

2050 年分别达到 2.1 万亿、3.2 万亿千瓦时，占比 2035 年增至 28.9%，2050 年达到 32%。居民和商业用电量同步增长，2035 年分别达到 2.3 万亿、2.4 万亿千瓦时，占比分别为 31.4% 和 32.4%，2050 年均达到 2.8 万亿千瓦时，占比均为 28%，如图 7-7 所示。

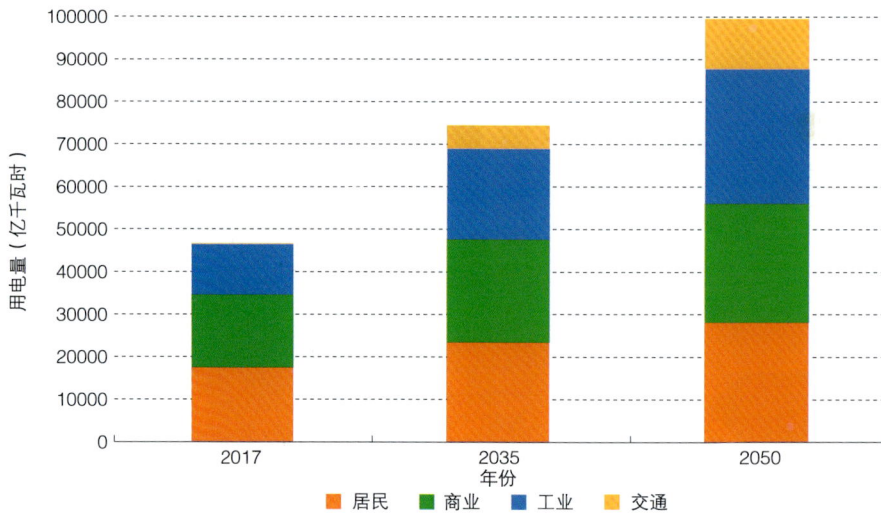

图 7-7　实现 1.5 摄氏度温控目标的北美洲分行业电力需求

分国别用电情况

美国用电量占比仍超过 80%，2035、2050 年用电量分别达到 6.1 万亿、8.1 万亿千瓦时。加拿大用电量 2035、2050 年分别增至 7317 亿、9094 亿千瓦时，占比 2035 年下降 1 个百分点至 10%，2050 年降至 9%。墨西哥用电量 2035、2050 年分别增至 5706 亿、9581 亿千瓦时，占比持续上升，2035、2050 年分别为 8%、10%。北美洲各国用电量占比如图 7-8 所示，预测情况见表 7-1。

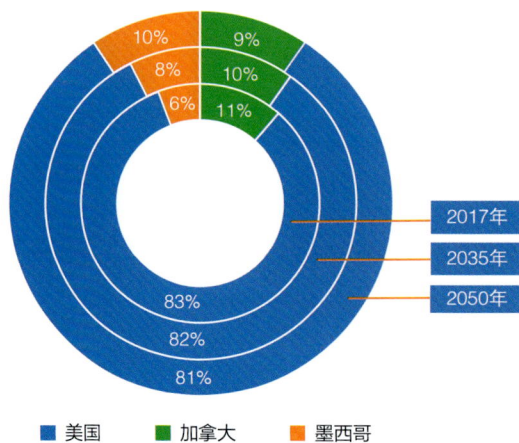

图 7-8　实现 1.5 摄氏度温控目标的北美洲各国用电量占比

表 7-1　实现 1.5 摄氏度温控目标的北美洲电力需求预测

国家	用电量（亿千瓦时）			用电量增速（%）		最大负荷（万千瓦）			负荷增速（%）	
	2017 年	2035 年	2050 年	2017— 2035 年	2036— 2050 年	2017 年	2035 年	2050 年	2017— 2035 年	2036— 2050 年
美国	38440	61269	80695	2.6	1.9	67439	106811	141982	2.6	1.9
加拿大	5380	7317	9094	1.7	1.5	9439	12149	15507	1.4	1.6
墨西哥	2650	5706	9581	4.4	3.5	4224	9063	15360	4.3	3.6
北美洲	46470	74292	99370	2.6	2.0	81102	128023	172849	2.6	2.0

7.3.3　电力供应

北美洲电源装机总量进一步上升，清洁能源装机比重大幅提高。实现 1.5 摄氏度温控目标的北美洲电源装机展望及结构分别如图 7-9、图 7-10 所示。

2035 年，北美洲电源总装机容量 28.9 亿千瓦，其中清洁能源装机容量 22.6 亿千瓦，占比由 2017 年的 34.9% 提升至 78.3%，成为主导电源。风电装机容量 10.2 亿千瓦，占比 35.4%；太阳能装机容量 6.1 亿千瓦，占比 28.1%；水电装机容量 2.5 亿千瓦，占比 8.6%；核电装机容量 1.6 亿千瓦，占比 5.5%。化石能源总装机容量 6.3 亿千瓦，占比由 2017 年的 65.8% 大幅下降至 21.7%。清洁能源发电量 5.8 万亿千瓦时，占总发电量比重由 2017 年的 40% 提升至 76.6%。

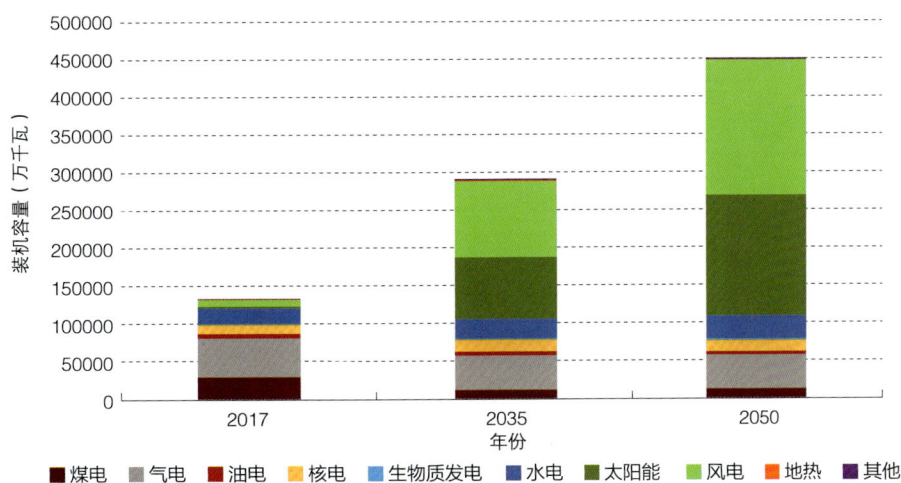

图 7-9　实现 1.5 摄氏度温控目标的北美洲电源装机展望

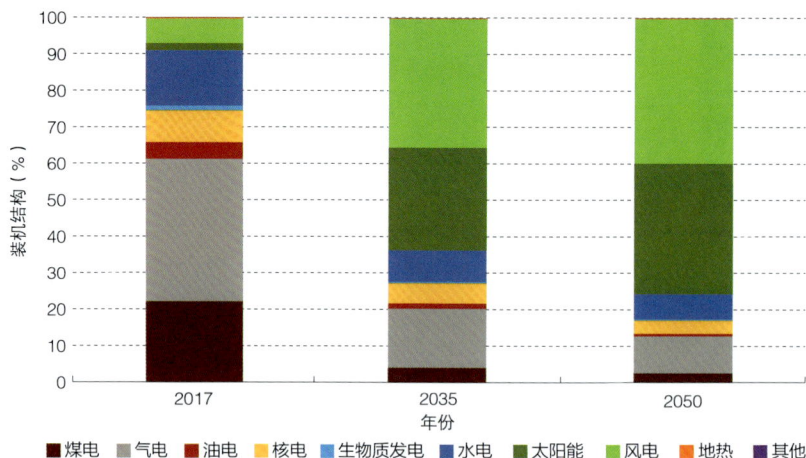

图 7-10 实现 1.5 摄氏度温控目标的北美洲电源装机结构

2050 年,北美洲电源总装机容量达到 44.8 亿千瓦,其中清洁能源装机容量 38.7 亿千瓦,占比达 86.5%。风电装机容量 17.7 亿千瓦,占比 39.7%,成为第一大发电能源,太阳能装机容量达到 16 亿千瓦,占比 35.9%,水电装机容量 3 亿千瓦,占比 6.8%,核电装机容量 1.6 亿千瓦,占比 3.6%。化石能源总装机容量进一步下降至 6 亿千瓦,占比仅为 13.5%。清洁能源发电量约 8.9 万亿千瓦时,占总发电量比重达 87.5%。

分国家看,美国电源装机仍占据较大比重,2017、2035 年和 2050 年美国总装机容量分别为 10.9 亿、23.9 亿和 36.1 亿千瓦,分别占北美洲总装机容量的 83%、83% 和 81%[1]。墨西哥装机容量增速较快,2017、2035 年和 2050 年装机容量分别为 7600 万、2.1 亿千瓦和 4.2 亿千瓦。实现 1.5 摄氏度温控目标的北美洲各国装机占比如图 7-11 所示。

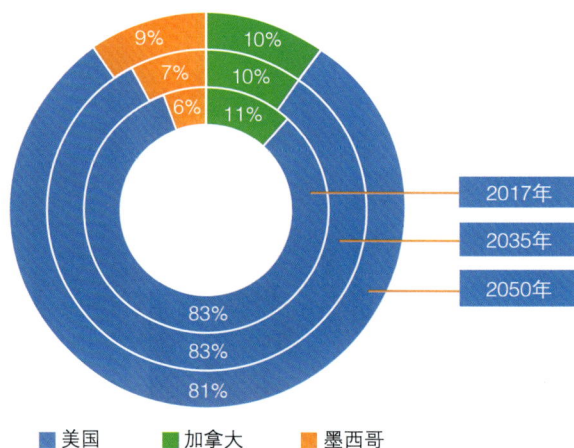

图 7-11 实现 1.5 摄氏度温控目标的北美洲各国电源装机占比

从电源装机结构看,美国以太阳能发电和风电为主,加拿大以水电和风电为主,墨西哥以太阳能发电为主。美国太阳能和风电总装机占比 2035 年上升至 65.5%,2050 年达到 76.8%。

---

[1] 数据来源:美国能源信息署、北美电力可靠性协会。

加拿大水电和风电总装机占比 2035 年上升至 84.7%，2050 年达到 89.3%。墨西哥太阳能装机占比 2035 年升至 36.6%，2050 年达到 58.7%。各国 2050 年装机结构如图 7-12 所示。

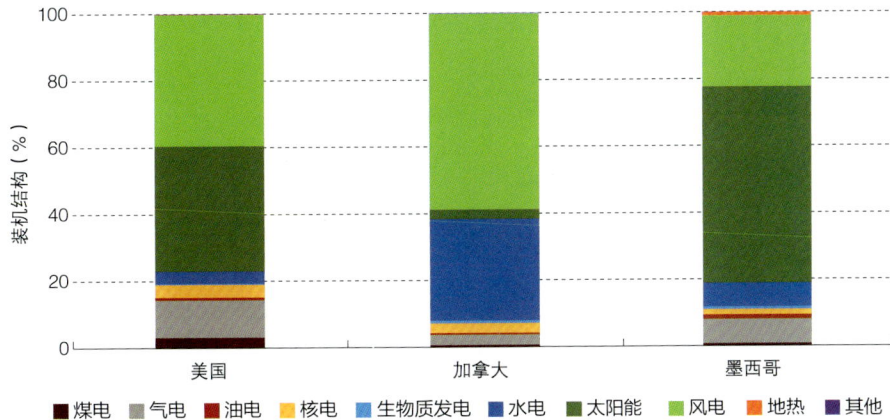

图 7-12　实现 1.5 摄氏度温控目标的 2050 年北美洲各国电源装机结构

7.3.4　电网互联

进一步加强大型清洁能源基地送出通道，扩大美国中西部风电太阳能、墨西哥太阳能等大型清洁能源基地开发外送规模；提升北美东部、西部电网供电能力和可靠性，满足大规模、高比例清洁能源接入和消纳；加强跨洲跨国电网互联，实现清洁能源的大范围多能互补和优化配置。北美洲能源互联网清洁能源资源优化配置能力大幅提升，满足北美洲近 10 万亿千瓦时的电力需求和 45 亿千瓦装机的接入，承载跨洲跨国跨区电力流约 2.5 亿千瓦，如图 7-13 所示。

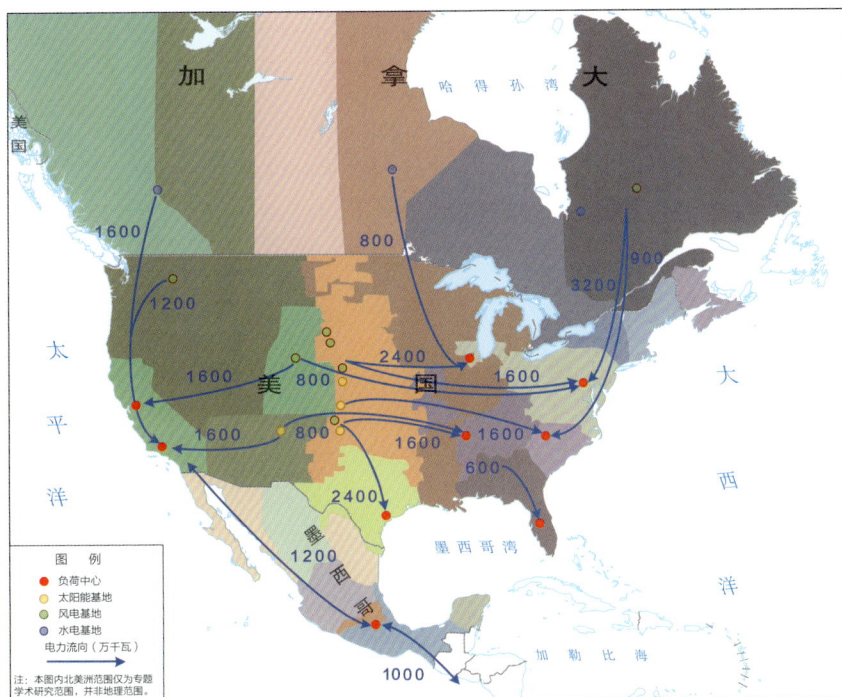

图 7-13　实现 1.5 摄氏度温控目标的 2050 年北美洲电力流示意图

7.3.5 比较分析

实现《巴黎协定》全球 1.5 摄氏度温控目标可显著降低气候变化风险，对人类和生态系统产生更大效益，同时也对世界各国能源低碳转型和高比例清洁能源系统构建提出了更高要求。未来北美洲需要发挥科技优势，推动供应侧高比例清洁替代、消费侧深度电能替代和采用先进成熟的新技术；进一步加快能源转型，压减化石能源消费，2050 年实现构建零碳能源系统，助力实现 1.5 摄氏度温控目标。

着眼于助力实现全球 1.5 摄氏度温控目标，北美洲需要积极应对碳排放水平较高的巨大挑战，应加快清洁替代，加大电能替代力度和深度，合理应用碳捕集与封存及负排放技术，进一步加快能源转型，推进高比例清洁能源系统建设，如图 7-14 所示。与助力实现全球 2 摄氏度温控目标相比，北美洲 2050 年化石能源消费减少 51%，清洁能源电源装机增加 32%；加强电网互联互通，提升资源配置能力，跨洲跨区电力流增加约 5000 万千瓦；加大投资力度，到 2050 年清洁能源开发和电网建设投资累计增加 30%。

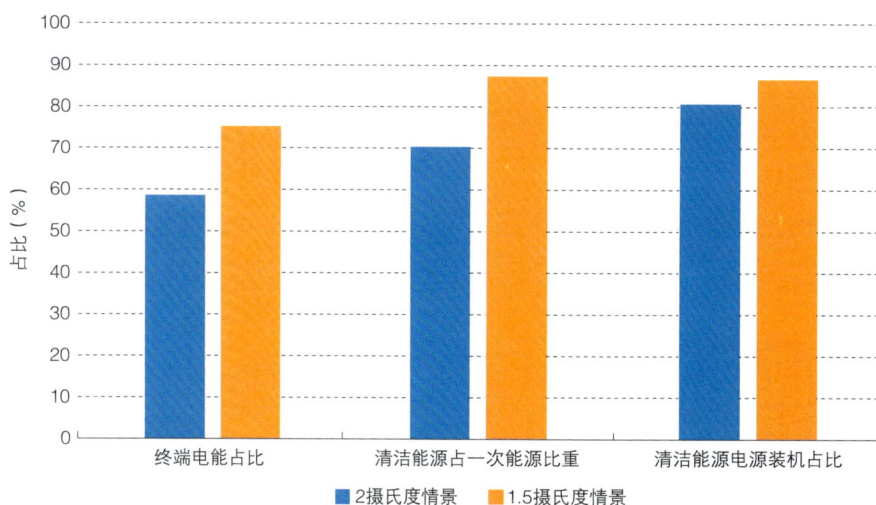

图 7-14　2 摄氏度和 1.5 摄氏度情景下北美洲能源电力分析比较

结　　语

　　构建北美洲能源互联网是北美洲能源领域的重大创新，是加快北美洲能源变革转型，实现北美洲经济、社会、环境协调可持续发展的系统方案，能够实现优质清洁能源资源大范围共享，保障能源电力清洁、安全、经济、高效供应，促进产业结构升级和区域合作共赢，有效应对气候变化和保护生态环境，开启北美洲可持续发展新篇章。

　　构建北美洲能源互联网是一项宏伟的事业，也是复杂的系统工程，涉及技术、经济、政治等多方面。需要全球各有关方面秉持共商、共建、共享、共赢原则，凝聚广泛智慧，开展务实合作，形成强大合力。未来需要在以下几方面共同努力。**一是扩大合作共识，**促进各国政府、能源企业、行业组织、社会团体等形成广泛共识，建立促进清洁发展和互联互通的合作框架和工作机制，出台激励支持政策，建立跨国跨洲能源电力市场和交易机制。**二是加强规划统筹，**发挥规划统领作用，强化顶层设计，加强各国家和地区发展规划统筹，推动产业链上下游协同联动，促进全球能源互联网与各国能源电力发展深入对接。**三是强化技术创新，**发挥创新驱动的关键作用，整合有关企业和研究机构的技术优势，加强高效清洁发电、先进输电、大规模储能和智能控制等方面关键技术装备的攻关和推广应用，推动建立技术标准协同体系。**四是推动项目突破，**加强商业模式和投融资方式研究创新，尽快推动一批经济性好、示范性强的清洁能源和电网互联互通项目落地实施。

　　构建北美洲能源互联网，符合北美洲各国共同利益，前景广阔、大有可为。衷心希望有关各方携手努力、密切协作，大力推动北美洲能源互联网建设，促进北美洲可持续发展，共创全人类更加美好的明天！

附录 1 研究方法与模型

1.1 总体框架

全球能源互联网研究以实现绿色清洁方式满足能源需求为目标，统筹考虑经济、社会、气候／环境和资源等因素，重点开展能源电力供需预测、电网互联方案研究和综合效益分析等。总体研究框架如附图 1-1 所示。

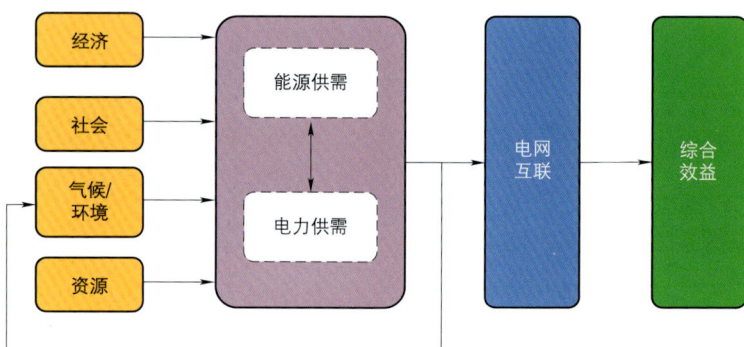

附图 1-1　全球能源互联网研究框架

1.2 主要模型

1.2.1 能源电力需求预测模型

能源电力需求预测模型是基于全球能源电力系统的复杂性以及能源电力转型的多目标导向，按照"自上而下"和"自下而上"相辅相成的思路，采用"模拟"与"优化"相结合方法，形成适用于中长期能源电力需求预测模型，如附图 1-2 所示。

"自上而下"是从宏观到微观，分析宏观经济发展对能源需求的影响；"自下而上"是从微观到宏观，分析各部门能源技术进步、效率提升、环境约束、能源政策等因素对能源需求的影响，预测能源消费强度、能源总体结构等。根据能源服务需求、能源消费强度等预测结果，采用回归分析、趋势外推、增长曲线等"模拟"方法，结合多目标或单目标"优化"模型实现终端能源电力需求预测。最后，考虑发电、供热、炼油等加工转换环节效率，计算全球／区域分品种一次能源需求。

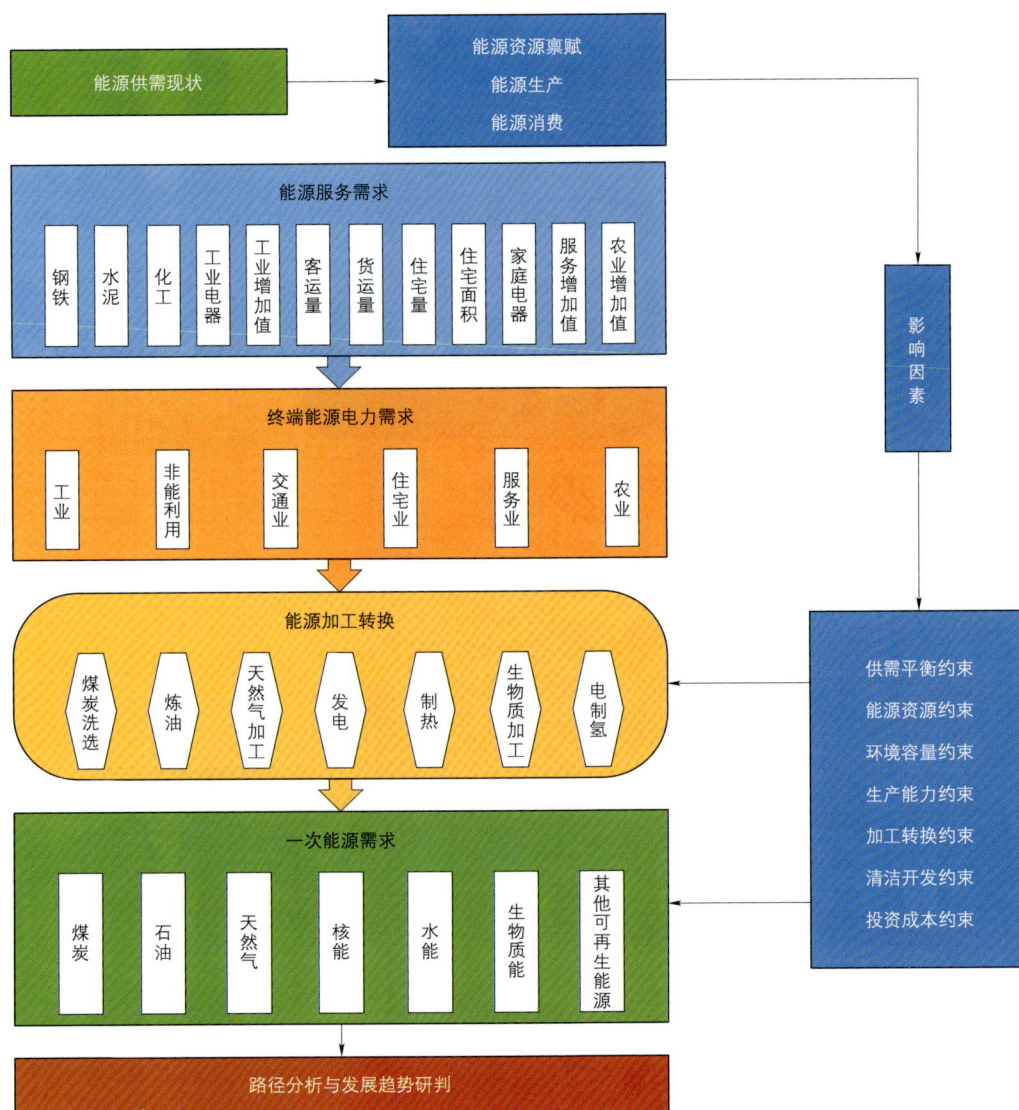

附图 1-2　能源电力需求预测模型

1.2.2　电源装机规划模型

电源装机规划模型主要以规划期内包括建设成本、运行维护成本和燃料成本等全社会总成本最低为目标，以能源政策、环境约束、能源资源、电力电量平衡等为约束条件，通过优化求解得到规划水平年装机规模、各类装机构成、开发时序、碳排放等，如附图 1-3 所示。

1.2.3　清洁能源资源评估模型

水能、太阳能和风能资源的开发利用是构建全球能源互联网的核心内容之一。清洁能源资源评估模型主要包括水能和风光能源资源评估模型，通过资源数据、数值模拟和算法研究得出评估指标，如附图 1-4 所示。评估指标主要有理论蕴藏量和技术可开发量，结合具体建设条件可以形成大型基地的初步开发方案。

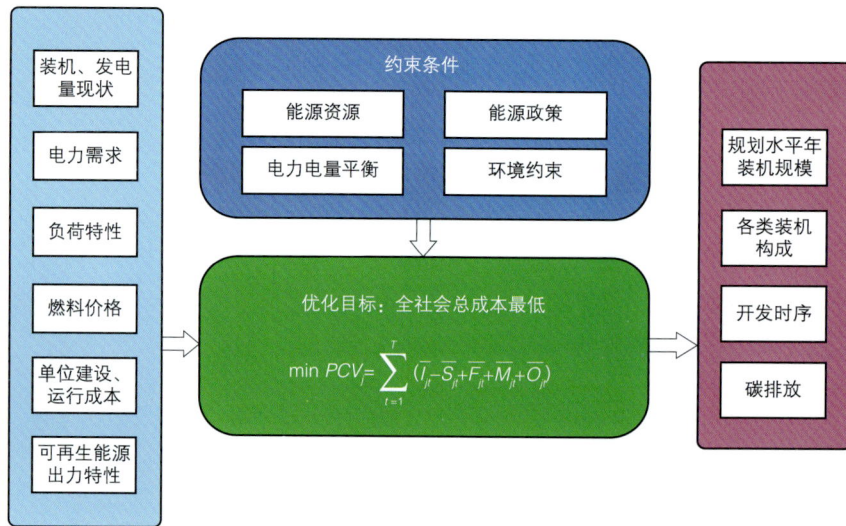

附图 1-3　电源装机规划模型

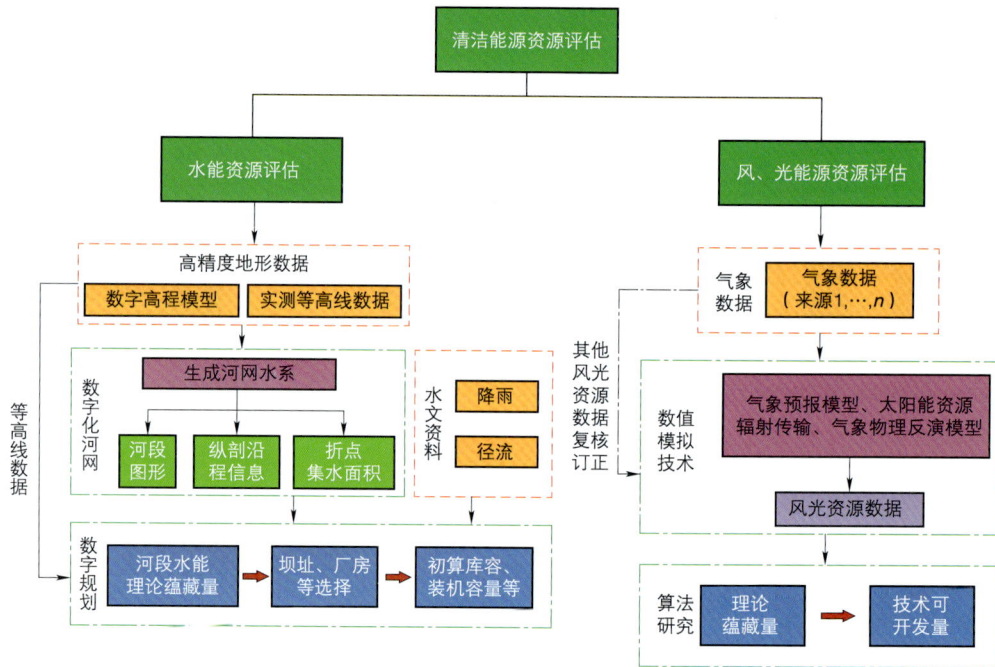

附图 1-4　清洁能源资源评估模型

理论蕴藏量：水能理论蕴藏量以高精度地形数据为基础，通过填洼、流向、流量分析生成数字化河网。数字化河网具有完整的河网拓扑结构，可提取河段的矢量图形；河段长度、落差、比降等纵剖沿程信息；河段折点处的集水面积。结合流域降雨、河流径流等水文数据可计算每个河段的水能理论蕴藏量。风光资源的理论蕴藏量评估目前常用的有两种方法，一是观测资料法，利用风电场/光伏电站旁边气象站的长期观测资料，评估该地区资源理论蕴藏量。二是数值模拟法，利用卫星观测数据及气象数据，建立气象数值模型来模拟地面大气运行过程和地形对大气运动的作用，求得气候资源在空间上的分布趋势和给定区域内风光资源的分布状况。开展全球范围的风、光资源评估，主要采用数值模拟方法，该方法具有数据来源统一、覆盖范围完整的优势，在一些重点国家和局部地区，可以辅以地面气象站观测数据进行复核和订正。

技术可开发量： 卫星遥感、大数据和智能算法的推广应用，为开展全球范围的水电、风电和光伏发电资源精细化评估创造了条件。以地形等高线数据为基础，结合城镇分布、人口分布、交通设施、自然保护区、已建梯级等选址辅助数据，可确定水电站坝址、厂房等位置。根据位置信息可初拟水电站特征水位、计算库容、装机容量等水能参数。在风、光资源条件基础上，结合地理高程信息可以考虑地形、地貌的影响，结合地物覆盖，也就是耕地、森林分布信息，再加上各类自然保护区可以考虑人类活动的影响，结合断层、岩层可以考虑地质条件的影响，准确测算可开发利用的有效土地面积，再结合发电技术装备参数，计算技术可开发量。

1.2.4　综合效益评估模型

综合效益评估模型以 GTAP-E 模型为基础，通过在生产模块中新增能源替代特性，并进一步在算法、福利分解等方面进行修改，全面评估全球能源互联网经济社会效益，如附图 1-5 所示。包括生产模块、消费模块和国际贸易模块，详细刻画了各地区生产者、家庭和政府等主要经济主体的行为方式，构建了能够反映区域经济运行的均衡体系。模型在 GTAP-E 基础上，通过整合 GTAP-Power 数据库，扩展了 GTAP-E 原有的要素－能源嵌套结构，充分反映全球能源互

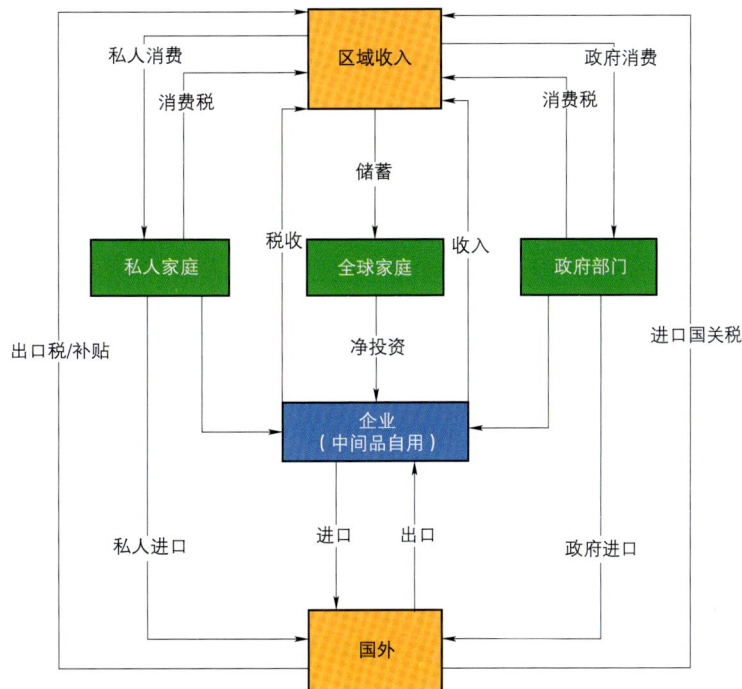

附图 1-5　综合效益评估模型框架

联网的清洁替代和电能替代特点，如附图 1-6 所示。在区域和产业划分过程中，结合全球能源互联网布局和全球电力贸易流格局，全面评估清洁发展、电能替代和电力贸易等对全球经济活动的影响。

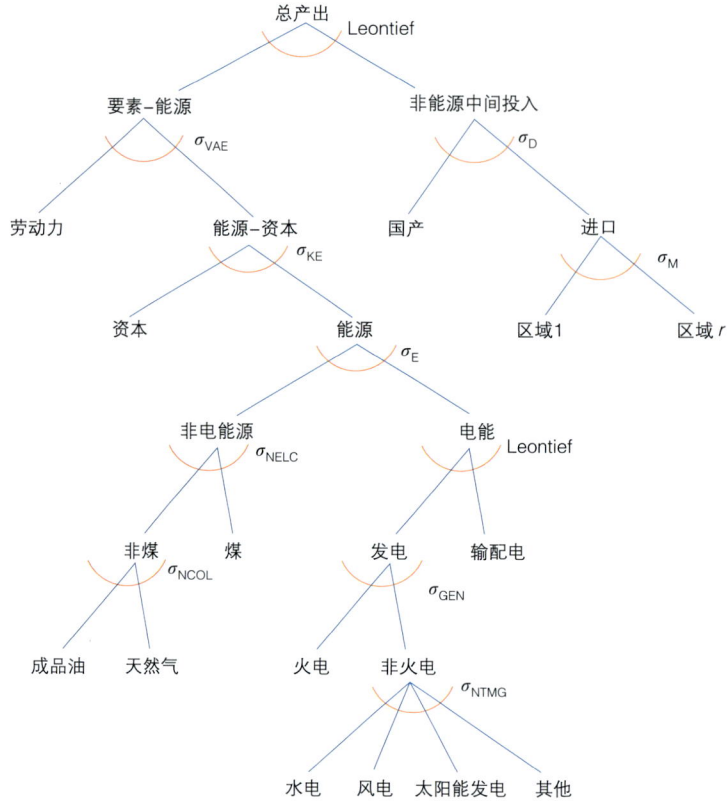

附图 1-6　生产模块嵌套结构

附录 2　基 础 数 据 表

附表 2-1　北美洲经济社会概况

国家	人口 （万人）	GDP 总量 （亿美元）	GDP 增长率 （%）	人均 GDP （美元）	出口额 （亿美元）	进口额 （亿美元）	碳排放 （百万吨）	电力普及率 （%）
美国	32446	194854	2.22	60055	23502	29286	4833	100
加拿大	3662	16469	2.99	44968	5122	5504	541	100
墨西哥	12916	11581	2.1	8966	4358	4568	446	100

注　人口数据来自联合国，碳排放数据来自国际能源署，其他数据来自世界银行，其中碳排放为 2016 年数据，其余均为 2017 年数据。

附表 2-2　北美洲能源发展现状与展望

国家	一次能源需求 （亿吨标准煤）			清洁能源占一次能源比重 （%）			终端能源需求 （亿吨标准煤）			电能占终端能源比重 （%）		
	2016	2035	2050	2016	2035	2050	2016	2035	2050	2016	2035	2050
美国	32.3	29.7	26.5	22	48	72	21.7	19.3	15.4	24	41	63
加拿大	4.9	4.3	3.5	38	48	68	2.7	3.2	2.5	24	32	49
墨西哥	2.7	3.7	4.3	12	33	61	1.7	2.6	2.9	20	28	41

注　2016 年数据根据国际能源署（IEA）数据估算。

附表 2-3　北美洲电力发展现状与展望

国家	2017				2035				2050			
	用电量 （亿千 瓦时）	年人均 用电量 （千瓦时）	总装机 容量 （万千瓦）	人均装机 容量 （千瓦）	用电量 （亿千 瓦时）	年人均 用电量 （千瓦时）	总装机 容量 （万千瓦）	人均装机 容量 （千瓦）	用电量 （亿千 瓦时）	年人均 用电量 （千瓦时）	总装机 容量 （万千瓦）	人均装机 容量 （千瓦）
美国	38440	11847	109000	3.4	59166	16209	204632	5.6	72304	18559	295663	7.6
加拿大	5380	14690	15000	4.1	7066	16868	29735	7.1	8148	18127	37105	8.3
墨西哥	2650	2052	7568	0.6	5510	3600	13854	0.9	8585	5226	30010	1.8

注　2017 年数据来自美国能源信息署、北美电力可靠性协会。

附表 2-4　北美洲电源装机结构现状与展望

单位：万千瓦

国家	火电			水电			风电			太阳能			核电			生物质能及其他		
	2017	2035	2050	2017	2035	2050	2017	2035	2050	2017	2035	2050	2017	2035	2050	2017	2035	2050
美国	77118	65927	63375	10395	11578	13617	7379	54841	91619	2383	57321	112384	10033	13762	13403	1691	1202	1265
加拿大	3948	2825	2573	8069	11382	13730	1139	13603	18396	256	347	828	1374	1360	1360	214	218	218
墨西哥	5462	5202	4008	1372	1937	3022	367	2335	4729	19	3305	16831	162	569	680	186	507	740

注　2017 年数据来自美国能源信息署、北美电力可靠性协会。

参 考 文 献

［1］　刘振亚 . 全球能源互联网 . 北京：中国电力出版社，2015.

［2］　刘振亚 . 特高压交直流电网 . 北京：中国电力出版社，2013.

［3］　联合国 . 变革我们的世界：2030 年可持续发展议程，2015.

［4］　世界气象组织 . 2018 年全球气候状况声明，2019.

［5］　联合国政府间气候变化专门委员会 . 全球 1.5℃温升特别报告，2018.

［6］　吴白乙，黄平，倪峰 . 美国蓝皮书：美国研究报告（2018）. 北京：社会科学文献出版社，2018.

［7］　傅莹，郑秉文，黄平，等 . 美国蓝皮书：美国研究报告（2017）. 北京：社会科学文献出版社，2017.

［8］　唐小松 . 加拿大蓝皮书：加拿大发展报告（2018）. 北京：社会科学文献出版社，2018.

［9］　唐小松 . 加拿大蓝皮书：加拿大发展报告（2017）. 北京：社会科学文献出版社，2017.

［10］　戚凯 . 美国的能源安全研究及启示 . 北京：北京时代华文书局，2017.

［11］　浦东美国经济研究中心，武汉大学美国加拿大经济研究所 . 特朗普当选总统后美国经济走势与中美经贸关系 . 上海：上海大学出版社，2018.

［12］　资中筠 . 20 世纪的美国 . 北京：商务印书馆，2018.

［13］　靳卫萍 . 百年美国经济波动与增长研究 . 北京：中国财政经济出版社，2012.

［14］　刘戈 . 在危机中崛起：美国如何成功实现经济转型 . 北京：中信出版社，2016.

［15］　尼古拉斯•斯皮克曼 . 世界政治中的美国战略 . 王珊，郭鑫雨，译 . 上海：上海人民出版社，2018.

［16］　劳伦斯•R• 格里，戴维•E• 麦克纳布 . 美国的能源政策：变革中的政治、挑战与前景 . 付满，译 . 南京：江苏人民出版社，2015.

［17］　马丁•费尔德斯坦 . 转变中的美国经济 . 马静，译 . 北京：商务印书馆，2018.

［18］　罗伯特•戈登 . 美国增长的起落 . 张林山，刘现伟，孙凤仪，等译 . 银温泉，校译 . 北京：中信出版集团，2018.

［19］　拉斯洛•松鲍法维 . 人类风险与全球治理 . 周亚敏，译 . 北京：中央编译出版社，2012.

［20］　联合国粮食及农业组织 . 世界森林状况，2016.

［21］　国际能源署 . 化石燃料燃烧二氧化碳排放报告，2018.

［22］　英国石油公司 . 世界能源统计年鉴，2019.

［23］　美国能源信息署 . 2018 年度能源展望——预测至 2050 年，2018.

［24］ 美洲开发银行 . 能源门类——挑战与机遇，2016.

［25］ 德国观察 . 全球气候风险指数报告，2018.

［26］ 墨西哥国家能源部 . 国家电力系统发展规划 2018 ～ 2032，2018.

［27］ 加拿大电力协会 . 北美洲电网——清洁能源与环境中的电力合作，2016.

［28］ 国际能源署 . 全球能源展望报告，2018.

［29］ 国际能源署 . 全球能源平衡，2017.

［30］ 国际可再生能源署 . 全球能源转型路线图，2019.

图书在版编目（CIP）数据

北美洲能源互联网研究与展望 / 全球能源互联网发展合作组织著 . —北京：中国电力出版社，2019.11
ISBN 978-7-5198-3938-3

Ⅰ . ①北… Ⅱ . ①全… Ⅲ . ①互联网络－应用－能源发展－研究－北美洲 Ⅳ . ① F471.062

中国版本图书馆 CIP 数据核字（2019）第 250711 号

审图号：GS（2019）5834 号

出版发行：中国电力出版社
地　　址：北京市东城区北京站西街 19 号（邮政编码 100005）
网　　址：http://www.cepp.sgcc.com.cn
责任编辑：王　欢（010-63412240）
责任校对：黄　蓓　闫秀英
装帧设计：张俊霞
责任印制：钱兴根

印　　刷：北京盛通印刷股份有限公司
版　　次：2019 年 11 月第一版
印　　次：2019 年 11 月北京第一次印刷
开　　本：880 毫米 ×1230 毫米　16 开本
印　　张：8
字　　数：172 千字
定　　价：140.00 元
